U0331133

风暴中的哲学家

Philosophes dans la tourmente

[法] 伊丽莎白·卢迪内斯库 著

汤明洁 译

华东师范大学出版社

华东师范大学出版社六点分社　策划

致克里斯蒂·让贝(Christian Jambet)

目　录

引言　为了批判思想 / 1

第一章　乔治·康吉兰:英雄主义哲学 / 11

第二章　让·保罗·萨特:多瑙河绿荫堤岸上的精神分

析 / 79

第三章　米歇尔·福柯:《疯狂史》的多种解读 / 143

第四章　路易·阿尔都塞:杀人场景 / 209

第五章　吉尔·德勒兹:反俄底浦斯式变奏 / 279

第六章　雅克·德里达:死亡瞬间 / 301

注记 / 326

引　言
为了批判思想

我们生活在一个非常奇怪的时代。人们从未停止纪念那些伟大的事件、人物、思想和美德："兰波年"、"雨果年"或者"儒勒·凡尔纳①年"。然而，人们却从不去修整各个学科、学说，以及没有得到相应重视的那些解放性探险的基础。人们粗暴地拒绝了女性主义、社会主义和精神分析，宣称弗洛伊德、马克思或尼采已死，可这样做的理由，与任何形式规范批判所使用的理由是一样的。人

　　① Jules Verne(1828—1905)，19世纪法国小说家、剧作家和诗人。代表作为三部曲《格兰特船长的女儿》、《海底两万里》和《神秘岛》。他的作品对科幻文学有重要影响，与乔治·威尔斯共同被称为"科幻小说之父"。——译注

们只谈论清查或评估的权利，就好像各种智识活动的必然差别可以概略为对人和事——更或是对那些变成物的人——进行的一个庞大簿记。

我并不只是指那些已经被历史学家共同体所抛弃，但仍继续潜在发挥作用的否定主义，我想到的更是那些平庸的小修正主义者，比如，他们试图以必要的英雄主义相对化为名，以与叛乱思想决裂的意志为名，将"维希"①(Vichy)与"抵抗运动"(la Résistance)相提并论；他们还通过某个对文本的巧妙歪曲，在揭露社会主义世界历史之所谓奠基性神话的语境下，将萨尔瓦多·阿连德②当作种族主义者、反犹分子和优生主义者③。

至于哲学领域，那些视哲学无用、过时、太希腊或太德国、无法评估或无法囊括在科学主义范畴里——总之，

① Vichy，是 Régime de Vichy 的简称，是第二次世界大战期间，纳粹德国占领下的法国傀儡政府，被称为"维希政权"。1940 年 6 月德国侵占巴黎后，以贝当为首的法国政府向德国投降，1940 年 7 月政府所在地迁至法国中部的维希(Vichy)，故名。正式国号为法兰西国。——译注

② Salvador Allende (1908—1973)，智利社会主义国家时期(1970—1973)的总统。——译注

③ Cf. Élisabeth Roudinesco, «La mémoire salie de Salvador Allende», *Libération*, 12 juillet 2005.

太过颠覆性——的人，他们越是威胁哲学在学校或大学里的教学，在国家机构之外"进行哲学"或"学习独立思考"的需求就越是旺盛：柏拉图、苏格拉底、前苏格拉底时期的唯物主义者、拉丁人、现代人、后现代人、古代人、新现代人、或新或旧的反动分子兴盛起来。在学院主义者加强官方教学在哲学上的回归与要求"鲜活"和超越学院教育的大众之间，正在形成一道鸿沟。因为人们害怕丢失自己的身份、界限和民族性，被这种恐惧所俘虏的世界正在不断加深着这道鸿沟。

新闻界构建的档案大多致力于灾难性宣告：**历史**的终结，意识形态的终结，大师的终结，思想的终结，人的终结，一切的终结。支持还是反对让·保罗·萨特？支持还是反对雷蒙·阿隆？你更倾向于认为其中之一有道理而其他的没道理，或者相反？要烧掉那些从此被认为不堪卒读、精英主义、危险而又反民主的"五月风暴"思想、思想家及著作吗？这些风俗和精神革命的积极参与者[现在]①是否已经成为资产阶级、资本家和既无信仰又

---

① 方括号内容为译者根据上下文添加，下同。

5

无法则、贪享小乐趣的人了呢？

那些假装表现"新文明病"的相同问题和相同答案到处都是。父亲消失了，那么为什么母亲没有消失？母亲难道最终不也是父亲，而父亲最终则是母亲？为什么年轻人不思考？为什么孩子不可忍受？是因为弗朗索瓦兹·多尔托①、电视、色情书刊或卡通？思想大师们都变成了什么？他们死了，还是在孕育、在冬眠或是在通向最终灭绝的路上？

而女人，她们是否有能力以男人们所拥有的同样名义，来指导人类，来像男人那样思考，来成为哲学家？她们是否有同样的神经、神经元、情感和犯罪冲动？耶稣是否是抹大拉的马利亚的情人，而基督教是否是一个性别化、两极化(被遮蔽女性和统治性男性)的宗教？

法国是否进入了衰退？你是支持还是反对斯宾诺莎、达尔文或者伽利略？你喜欢美国吗？海德格尔只不过是个纳粹？米歇尔·福柯是本·拉登的先兆？吉尔·

① Françoise Dolto(1908—1988)，法国家喻户晓的儿科医生、儿童教育家、儿童精神分析大师，在全世界都有巨大的影响。她与拉康共同建立了巴黎弗洛伊德学派，将精神分析推向了童年研究。——译注

德勒兹有毒物癖？雅克·德里达是解构的精神领袖？拿破仑与希特勒真的如此不同吗？说说这些相似性，说说你的想法，升级你的知识，以你自己的名义说话吧。

谁是你的最爱，谁是最渺小的，谁是最伟大的，谁是最平庸的，谁是最故弄玄虚的，谁又是罪大恶极的？分门、别类、计算、衡量、鉴定和标准化。这就是当代追问的零度，它以假面舞会式的现代性之名，不断质疑所有建立在人和事物之复杂性分析上的批判智慧。

性从未如此自由，科学从未在身体和神经探索中如此进步。然而，心灵的痛苦也从未如此鲜活：孤独、嗑药、无聊、疲惫、减肥、肥胖，以及将生命的每时每刻都医疗化。20世纪通过高昂的斗争所获得的、如此必要的自我自由，现在似乎已经转变为某种清教徒式的拘束要求。至于社会苦痛，在青年失业基数和悲惨迁移基数的持续推进之中，比它看上去还要不可承受。

性从道德枷锁中解放出来，但不再是与欲望相关的经历，而成为只能走向至死方休的器官性能、锻炼和保健。如何高潮？如何使人高潮？阴道的理想尺寸是什么，阴茎的最佳长度是什么？[性生活的]时间需要多长？

在人的一生中,在一个星期内,在一天中,在一分钟里,需要多少个性伴侣? 调节心理学与性错乱或性伴侣交换心理学,从未像今天这样令人感到触目惊心。人们正好处在各种抱怨的扩张之中,因为越是有人承诺幸福和安逸,不幸就越是挥之不去,风险就越是巨大,就会有更多因承诺未兑现而受害的人起来反抗那些背叛他们的人。

这个对存在所进行的神奇的心理化进程赢得了整个社会,并为加强社会的去政治化程度做着贡献。在这个心理化进程之中,怎能不看到福柯和德勒兹所说的那种"平庸的小法西斯主义"? 这种"平庸的小法西斯主义"是私密的,那些本身既是其主导者又是其受害者的人欲求它、需要它、接纳它,并颂扬它。小法西斯主义当然与那些庞大的法西斯体系不可同日而语,因为这个法西斯主义滑向每个个体,滑向这些个体的无知,这个法西斯主义从不质疑人权、人道主义和民主权利的神圣原则。

我选择向六位法国哲学家致敬——康吉兰、萨特、福柯、阿尔都塞、德勒兹和德里达,他们的作品在全世界范围内为人所知并广受评议。撇开他们的分歧、争议和同谋式冲击不论,他们的共同点就是:都以批判的方式,不

8

仅面对着政治参与问题(即面对自由哲学),还面对着对弗洛伊德"无意识"概念的领会(即面对结构哲学)。他们都是语言的风格大师,充满着艺术和文学激情。

将他们齐聚在此,正是因为他们的作品和生活中共同包含着这种面对。以我所说的"穿越风暴"为代价,他们都拒绝成为人之标准化的仆人——而这个人之标准化,在其最为实验性的版本中,只不过是一种臣服于野蛮的意识形态。他们都是在电视和大媒体还没有在知识传播上占据重要地位之前发表了自己的著作,德勒兹和德里达还为重新反思现代媒介论①(médiologie)提供了基石。

可以说,这远远不是要去纪念他们过去的辉煌,或者怀着乡愁去对他们的著作进行简单的重新解读。通过让他们的思想彼此映照,通过强调20世纪后半叶法国知识分子生活历史中闪亮的几个时刻,我试图表明,只有对遗

①　法国研究技术和文化之结合的理论,1979年开始以新逻辑主义自称。它超越了文化与技术的传统对立,而要去研究精神和道德(比如意识形态或信仰)世界的物质基础,以及技术革命对人们文化和行为的影响。——译注

产的批判性接收，才能让我们进行自己的思考，并创造出未来的思想、黄金时代的思想以及不屈从的思想，而这个思想，必然是不忠诚的。

第一章

乔治·康吉兰:英雄主义哲学

福柯去世前两个月,在他给予出版许可的最后一篇文章里,向乔治·康吉兰致以了明确有力的敬意,强调这位哲学家在法国哲学史中的地位:"这位著作严谨的人,坚决为其作品划定界限,细致地将之献给科学史中的一个特别领域——这是一个无论如何也不会被视为大场面的学科领域,他以某种方式出现在他自己一直留意不予卷入的争论之中。但是如果抛开康吉兰,你们就会对法国马克思主义者们所进行的一系列讨论所知寥寥;你们就会对诸如布尔迪厄①、

① Pierre Bourdieu(1930—2002),法国 20 世纪最重要的社会学家之一,其思想对人文社会科学,尤其是法国战后社会学,产生了重大影响。——译注

卡斯特尔①和帕斯龙②这些社会学家的独特之处,以及使他们在社会学领域极为引人注目的东西也不甚了然;你们还会缺失精神分析学家尤其是拉康主义者们理论工作的一整个面向。而且,在 1968 年运动前后的所有观点争论中,很容易找到康吉兰(或近或远)培养过的那些人的位置。"③

福柯补充说,《正常与病态》(*Le Normal et le Pathologique*)④毫无疑问是康吉兰最意味深长的著作,它实际上反映出康吉兰式工作的本质:反思生命和死亡,重估科学史中的"错误"和理性状态,强调连续性和间断性、正常

① Robert Castel(1933—2013),法国社会学家,主要涉及劳动社会学,关注社会排斥问题。——译注

② Jean-Claude Passeron(1930—   ),法国社会学家和认识论专家,主要从事文化活力的社会学、历史学和人类学三门学科间的跨学科研究。——译注

③ Michel Foucault, «La vie, l'expérience et la science» (1985), in *Dits et écrits* 1954—1988, vol. IV, Paris, Gallimard, 1994,第 263—276 页。福柯 1978 年为康吉兰的《正常与病态》美国版本撰写了该文的第一个版本,参见: *Dits et écrits* 1954—1988, vol. III, Paris, Gallimard, 1994,第 429—442 页。本文的第二个版本最初以福柯遗著的名义发表在 *Revue de métaphysique et de morale*, 1, janvier-mars 1985,康吉兰专刊。

④ Georges Canguilhem, *Le Normal et le Pathologique* (1943), Paris, PUF, 1966.

与异常概念,更新医学领域中实验化与概念化的关系。

在这同一思想的冲击下,福柯注意到一个将法国当代思想划分为两大流派的分界线:一边是经验、意义和主体的哲学(从梅洛·庞蒂到萨特),另一边是知识、理性和概念的哲学(卡瓦耶①、康吉兰和科耶夫②)。福柯说,正是后者,这一在表面上最为思辨、最远离所有主观性和政治性参与的流派,承担了反法西斯的斗争。也许,《疯狂史》③的作者[福柯]在如此向一个曾经是抵抗运动英雄(在成为福柯老师之前)的人致敬的时候,他也是这么考虑他自己的。福柯自己难道不也是一个参与政治斗争的严格的科学史学家?当然不是反法西斯主义,而是反对形式更为微妙的压迫。

而实际上,康吉兰曾两次表明这个分界。第一次是在 1943 年,当他在二战法国抗德游击队员中,冒着生命

① Jean Cavaillès(1903—1944),法国哲学家和逻辑学家,二战期间法国抵抗运动的英雄。——译注

② Alexandre Koyré(1892—1964),俄裔法国科学史学家和哲学家。——译注

③ Michel Foucault, *Histoire de la folie à l'âge classique* (1961), Paris, Gallimard, 1972.

危险为他关于正常和病态的论文进行答辩的时候;第二次是在 1976 年,当他为他被纳粹杀害的朋友卡瓦耶撰写葬礼颂词的时候,他写道:"他的数学哲学不是通过参照某个可以暂时和不确定地等同于让·卡瓦耶的**主体**而构造的。这个让·卡瓦耶在这个哲学中完全缺席,但这个哲学要求某种形式的行动,这种行动通过逻辑的严密道路,将卡瓦耶引向一条一去不返之路。让·卡瓦耶,就是至死抵抗的逻辑。但愿那些存在主义和人格主义的哲学家们——如果他们能做到的话——下次也能做得如此之好。"①

通过这些话,康吉兰表明:在政治参与和基于概念优先性的理智活动之间,存在着逻辑融贯性;而 19 年后,福柯强调了服务于自由的参与行动与捍卫概念哲学的事实之间存在的断裂。然而,1983 年,福柯又重拾康吉兰关于逻辑融贯性的观念:"数学史学家、关注数学内在结构之发展的卡瓦耶,就是那些战争时期做过抵抗的法国哲

---

① Georges Canguilhem, *Vie et mort de Jean Cavaillès*, Les Carnets de Baudasser, Villefranche, Pierre Laleur éditeur, 1976,第 39 页。

学家中的一个。那些参与政治的哲学家,包括萨特、西蒙·德·波伏娃和梅洛·庞蒂,却什么也没做。"[1]

如果在对自由和主体哲学、概念和结构哲学之间奠基性关系的表述中存在着这样一种辩证法,这也许意味着它们是以律因(principielle[2])方式支配政治与哲学关系的两种主要模式。但我们也可以肯定地说,只有进入弗洛伊德式无意识概念的场景——这个无意识概念不能还原为任何人格心理学——,才能解决和超越上面的矛盾。

与那个年代的众多巴黎高师学生一样,康吉兰也纯粹是共和主义教育的产物。康吉兰1904年6月4日出生于卡斯泰尔诺达里(Castelnaudary)一个小资产阶级手工业者家庭,作为小城里一个裁缝的儿子,他是法国南部农民家庭的后代。他一生都留着使其音色格外特别的乡

---

[1] Michel Foucault, *Dits et écrits*, vol. IV, *op. cit.*, 第586页,以及 Marie-Christine Granjon(éd.), *Penser avec Michel Foucault. Théorie critiquées pratiques politiques*, Paris, Karthala, 2005,第28页。在下一章我们会谈到,说萨特在占领时期什么也没做并不确切。

[2] 此词为20世纪罗兰·巴特的发明,与"律则(principe)"有关,但又表示原因,因此这里把它译为"律因"。——译注

音:既粗犷又锐利。10岁的时候,康吉兰在母亲所继承的位于奥德省与阿列日省交界的奥尔吉贝农场里学会了耕地,在两次大战期间,他就以此为生。康吉兰就是在自己的故乡,以优异的成绩考取了巴黎的亨利四世中学,之后又于1921年进入了准备报考巴黎高师的文科预备班(khâgne)。那里的风云人物是爱弥尔·萨尔提尔[①],也就是大家所熟悉的阿兰(Alain)。按照学校里的黑话传统,在准备报考高等师范学校的预备班里读文科(也就是高级修辞班)的学生,会得到"khâgneux"[②](八字腿儿,即不雅观)的外号,而读理科的学生则会得到矿兵的外号,带有地下工作(鼹鼠,即矿山工程师[③])的意思[④]。

---

① Émile Chartier(1868—1951),法国哲学家、记者、随笔作者和哲学老师。一战前以不同笔名写过许多哲学文章,法国人都称他"阿兰"。——译注

② Khâgneux 是由 khâgne(高师文科预备班)生造的形容词形式。Cagneux 本意是指膝盖外翻的人,在字形上改为 khâgneux 并不改变其法语读音,意在用同音异义的方式说人难看、粗俗和不雅观。——译注

③ 鼹鼠(taupe)与矿兵(taupin)字形相近。Ingénieur des mines 可以戏谑地理解为矿山工程师,但也有高等教育机构工程师的意思。学生黑话应该取的是这个词的双关意思。——译注

④ 这部分内容,我参考的是让-弗朗索瓦·西里内利,《知识分子一代——两战间隙的文科预备班和高师学生》,巴黎,法雅尔,1988。也可以参照弗朗索瓦·德拉波特编《生机理性主义者,康吉(转下页注)

阿兰是朱勒·拉尼奥[①]的学生,文科预备班上亨利·柏格森、维克多·德尔博斯[②]和雷诺·布伦瑞克[③]的后继者,他在不接受军衔、自愿投身于各种战役之前,曾为德雷福斯[④]效力。阿兰因大战中的大型屠杀而大受震惊,坚信哲学绝不能停留在与政治反思无关的境地。阿兰还赞成某种极端和平主义的论点,这种和平主义与某种节制的人道主义确信如出一辙。阿兰也是一位卓越的演说家,但他并不打算向国家的精英们强加某种思想体

(接上页注)兰选集》,保罗·拉比诺作序,卡米尔·利摩日撰写参考书目,阿瑟·戈德哈默译,纽约,域书出版社,1994 年。我也收集了许多我能够收集到的康吉兰生前的笔记。非常感谢让·斯瓦尔吉尔斯基对我知无不言。同样感谢费提·本斯拉玛对我的帮助及其中肯的评论。

① Jules Lagneau(1851—1894),法国哲学家,关注感知和认知条件,发展了心理学的反思方法。最著名的学生就是阿兰,并通过阿兰对康吉兰产生了深刻久远的影响。——译注

② Victor Delbos(1862—1916),法国历史哲学家。艾蒂安·吉尔森[(Étienne Gilson, 1884—1978),法国哲学家、历史学家,法兰西学术院院士,曾在索邦大学、哈佛大学、多伦多及法兰西公学院任教。获荣誉军团十字勋章。]在索邦的导师。——译注

③ Léon Brunschvicg(1869—1944),法国观念论哲学家,主张柏拉图主义。20 世纪初在法国哲学界与亨利·柏格森齐名。——译注

④ Alfred Dreyfus(1859—1935),法国陆军参谋部犹太裔上尉军官,法国历史上著名冤案"德莱弗斯案件"的受害者。该事件引起了一些作家、学者的愤怒。法国知识分子也由此事件而得以定义,从而开始走向历史舞台。——译注

系，而是唤醒他们的批判精神。在很长一段时间里（直到1933年），阿兰将其建立在自由、意识和理性前提下，通常是伏尔泰式的行动哲学理想，传递给了这些国家精英。1921年，他在伽里玛出版社出版了20多页的系列周刊《自由谈话》(*Libres propos*)，周刊面向他的学生，表达了他的极端主义、和平主义以及对军事机构的憎恶。

　　1924年，年轻的康吉兰进入巴黎高师时，已经成为热忱的阿兰主义者。同一时期进入巴黎高师的还有让-保罗·萨特、保罗·倪藏①、丹尼尔·拉加什②、雷蒙·阿隆③。

----

　　①　Paul Nizan(1905—1940)，法国小说家、哲学家和记者，20世纪30年代法国共产党著名的知识分子活动家之一。——译注

　　②　Daniel Lagache(1903—1972)，法国精神病学家、精神分析学家。曾经是巴黎精神分析协会(Société psychanalytique de Paris)成员，1953年离开该协会，与雅克·拉康共同建立法国精神分析协会(Société française de psychanalyse)，后在国际精神分析运动的影响下，解散法国精神分析协会，1964年创建法国精神分析联合会(Association psychanalytique de France)。——译注

　　③　Raymond Aron(1905—1983)，法国哲学家、社会学家、政治学家、历史学家和记者。在极权主义上升时期，是自由主义的热情倡导者。1940年随同戴高乐流亡英国，1940年到1944年间参加"自由法国抗战运动"，并主编《自由法国》杂志。1955年，阿隆撰写了《知识分子的鸦片(*L'Opium des intellectuels*)》，直接批判法国的左派知识分子，认为法国的知识分子思想僵化，对共产主义抱有不切实际的幻想和心态。1968年"法国五月风暴"时期，阿隆是反对"学生造反"的中心人物，也是法国"沉默的大多数"的发言人。当时的学生运动中流行着**（转下页注）**

在塞勒斯坦·布格莱①的指导下，两年后，康吉兰在索邦获得其关于《奥古斯特·孔德的秩序与进步理论（*La théorie de l'ordre et du progrès chez Auguste Comte*）》的高等研究学位。1927 年，康吉兰获得哲学教师资格，并化名 C. G. 贝尔纳（C. G. Bernard）在《自由谈话》中发表文章。

　　这一年，作为一个热忱的和平主义者，康吉兰一下子成为高师人反对既有秩序的先锋，他与同学西尔万·布鲁索迪耶②共同为巴黎高师的年刊举行了一个名为《谅山③之灾》的演出。古斯塔夫·朗松是巴黎高师享有盛名的校长，写过一本著名的文学史手册，他的名字与征战印度尼西亚那段不太光彩的事件有关④：谅山战役。在

（接上页注）一句话："宁愿跟随萨特走错路，也不愿意顺从阿隆行正道"。——译注

　　① Célestin Bouglé（1870—1940），法国哲学家、社会学家。1901 年开始在索邦教授社会学，1935 年开始领导巴黎高师。在奥古斯特·孔德的谱系下捍卫工作为实证科学的社会学。他同时也是共和主义战士，参与了"德莱弗斯事件"的斗争以及第一次世界大战。——译注

　　② Sylvain Broussaudier（1904—1980），法国教师、社会主义战士以及和平主义者。——译注

　　③ Long Son，越南谅山。——译注

　　④ 法文的朗松（Lanson）与谅山（Lang Son）发音一样。——译注

(《谅山之灾》中的)两首歌里,表演者以半讽刺半戏言的方式嘲笑法国军队,尤其嘲笑在谅山战役那年由议会投票决定的一则法律,这则法律规定:战时政府应该**在理智秩序中**采取一切必要措施,以维护国家士气。当演员们在《马赛曲》的旋律中高唱《康比萨上尉悲歌》(*Complainte du capitaine Cambusat*)的主歌段落时,乌尔姆街①军队教官则颜面扫地。

这个攻击激怒了古斯塔夫·朗松,他对戏言的作者们进行了纪律处分,将他们的档案转交给了战争大臣。高师的和平主义者们因此被指控进行革命宣传,第二年,他们签署了一个反对高等军事训练——他们正受制于此——的请愿书。作为抗议,康吉兰将机关枪的三脚架撂倒在指导教官身上,有意以此搁浅自己的获得文凭的进程——因为有这个文凭的人将作为下士服役 18 个月②。

从 1930 年开始,阿兰式和平主义逐渐过时。亨利四世中学原来的那些高师文科预备班学生趋向于参与其他

---

① 巴黎高师位于乌尔姆街(la rue d'Ulm)。——译注

② *Cf*. Jean-François Sirinelli, *Génération intellectuelle*, *op. cit.*, 第 327、343 页。

的活动。经济危机与法西斯主义抬头使他们陷入与年少时截然不同的世界。尽管如此,在查尔城(Charleville①)获奖后,康吉兰曾多次表达了他对埃米尔·沙尔捷(即阿兰)教诲的忠诚,尤其支持孔多塞中学费里西安·沙拉耶(Félicien Challaye)的"全面和平主义",更或者,他还以苏格拉底式公民身份宣布反对所有机构化的权力形式②。与此同时,从 1934 年开始,康吉兰发觉希特勒的上台使得过去反军事主义的反抗失效。在阿尔比、杜艾和瓦朗西安纳任教后,康吉兰加入**反法西斯知识分子警戒委员会**(Comité de vigilance des intellectuels antifascistes),站在保罗·郎之万③和保罗·里韦④一边,也是阿兰和沙拉

---

① 康吉兰 1930 年在查尔城 (Charleville) 的尚兹中学 (lycée Chanzy)获奖,并于 7 月 12 日发表了获奖演说。——译注

② *Cf.* «Discours prononcé par Georges Canguilhem à la distribution des prix du lycée de Charleville», le 12 juillet 1930. Et «Documents des *Libres propos* » (1932), cité par Jean-François Sirinelli, *op. cit.*, 第 595—596 页。

③ Paul Langevin(1872—1946),法国物理学家,法共党员。强烈反对纳粹,因而在维希政府时期声望大受影响,但法国光复后声望得到恢复。1931 年来过中国考察,对中国抗战抱支持态度。——译注

④ Paul Rivet(1876—1958),法国医生和人种学家。二战期间,反对法国与占领军的休战协议。——译注

耶曾经支持的一方。①

1914 年的第一次世界大战是国家反对国家,为的是保护统治阶级和帝国利益,因为致力于**启蒙运动**的那些欧洲(这样的欧洲既没有祖国也没有边界)民众和个体在破坏这个利益。此后迎来的第二次世界大战则是宽容与暴政之间的较量。既然各个国家不是作为国家相冲突,而是以反奴役的自由为名,那么从一个战争到另一个战争的关键就不再一样了。在这一新语境下,面对希特勒及其联盟所体现出来的毁灭力量,拥护和平主义就有与放弃(抵抗)相混淆的危险。因此,康吉兰和有着共同演变路线的人们所做的选择,与之后使他们走向拒绝慕尼黑、拒绝与蒙图瓦尔(Montoire)握手言和的决定,在预期上是性质相同的。

1936 年 10 月,在贝济耶教书一年后,康吉兰在图卢兹得到任命,这次轮到他成为巴黎高师文科预备班的老师。但当他担负起过去曾是其老师的职责时,他在教书

---

① *Cf*. Jean-François Sirinelli, *Intellectuels et passions françaises. Manifestes et pétitions au XXe siècle*, Paris, Fayard, 1990.

育人的角色中极尽可能地远离阿兰式姿态。康吉兰的教学是古典的和严格的,他很快就采纳了骑士军官的步调,以便体现出共和国学校直至严苛的所有特性。他向图卢兹的学生反复灌输秩序感、逻辑感和纪律感,在班上树立了各种禁律:不能用本子、铅笔,不能说脏话。通常记笔记的习惯是将所传递知识以确定的方式固定起来,康吉兰则倾向于在档案夹中建立灵活的归档,或建立可活动的笔记组合。

同样地,为了训练学生的批判精神,培养他们有理解地记忆,康吉兰要求学生在一小时的课堂上认真听讲,不做任何笔记,课后总结课堂内容。这些个人总结从来不需要上交,他也不评论这些总结。康吉兰从不做"无指导性的教学",他也从不受虚假的自由发言的诱惑,更倾向于口授或油印课程内容①。这样,那个曾经进行最极端斗争的人,也成了那个在课堂上要求学生最大限度地服从于某种知识练习的人。表面上来看,这与自由的任何

---

① Voir Jacques Piquemal, «G. Canguilhem, professeur de terminale (1937—1938) », *Revue de métaphysique et de morale*, *op. cit.*, 第63—83 页。

实践都相去甚远。若泽·卡巴尼斯[①]说，"对我来说，康吉兰的中学课堂不是为了发现真理，而是为了发现方法，我想我的这个说法是忠实的：批判性反思不容许任何预设，保持距离，逐条判断，同时，发自内心地赞同，钻进问题核心，既拥护又保持后退和警惕。"[②]

因而，在康吉兰是和平主义者的那些年，他秉持的不是对抗拒或挑战的热爱，而是这些抗拒或挑战之深层次原因的本质：真正的反抗精神基于禁律与权威的效力。在他自己看来，所有人都应该是反抗的，但所有反抗都是为了建立某种胜过主观自由的秩序，即理性和概念的秩序。

———————

① José Cabanis(1922—2000)，法国小说家、评论作者和行政官员。1965 年被选为(法国图卢兹)百花诗赛评选委员会委员，1990 年成为法兰西学术院(l'Académie française)成员。1966 年因小说《图卢兹战役》获得勒诺多文学奖(Prix Renaudot)。[注：勒诺多文学奖由十位记者兼文学批评家于 1926 年在等待龚古尔文学奖评选结果时酝酿产生，其主旨是为弥补龚古尔文学奖的评判贻误而设。为了纪念法国第一位记者泰奥弗拉斯·勒诺多，所以用他的名字命名。此奖实际上扮演了龚古尔奖补充奖的角色。勒诺多文学奖十人评委会选在跟龚古尔奖同一天颁奖，即于每年 11 月的第一个星期二，在巴黎德胡昂高级饭店举行。]——译注

② José Cabanis, *Les Profondes Années*, Paris, Gallimard, 1976. Voir aussi Henri Péquignot, «Georges Canguilhem et la médecine», *Revue de métaphysique et de morale*, *op. cit.*, 第 39—51 页。

正是在这个时期,康吉兰决定从事医学研究。通常,转到这个方向的哲学家是因为对精神病理学和精神疾病的治疗感兴趣,比如皮埃尔·雅内①就是这种情况。因而这就涉及到发展临床心理学,目的是为了以充满活力的方式转化精神病学知识,而这通常又有脱离医学领域的危险。在康吉兰这里,完全没有任何东西可以被看作是对这一传统的继承,他年轻时,也从未仰慕过乔治·迪马②对疾病的著名阐述。

因为选择了医学,康吉兰似乎是绕开了哲学,但其实是从哲学借鉴了一条非同寻常的道路。正如他自己所说的那样,也许他对哲学感到某种失望。实际上,对这样一个行动的、出身乡土的,敏感于体力活动和田间劳作,直到对法西斯和纳粹统治下的农业危机产生浓烈兴趣的人,这其实更是某种面向具体经验,面向"大地",面向一

---

① Pierre Janet(1859—1947),法国哲学家、心理学家、精神病学家和医生。19世纪法国心理学的代表人物,创造了心理学术语"下意识"。他的无意识模型对于记忆缺失症和记忆分离症中的精神创伤做出了决定性的贡献。他1907年出版了《癔病的心理状态》,否认癔病是生理性失调,而把癔病归为心理失调,主张最佳疗法是催眠术。他发展了心理学和心理病理学体系,称之为"行为心理学"。——译注

② Georges Dumas(1866—1946),法国医生、心理学家。——译注

个不需要从事科学就可以给概念反思提供实体和生命的学科。哲学忽略医学已有一个世纪之久,也许因为医学不像数学或物理学那样属于所谓"高贵"的科学,也许因为医学更接近生物学,它本身也在忽略哲学。对于这个年轻的哲学家来说,医学也许能够成为某种新理性形式的关键。

正如福柯所强调的,从 18 世纪开始,科学史值得尊重的价值在于它曾经提出了思想的基础、正当、权力和运作条件的问题。不过,20 世纪初期的 25 年里,随着埃德蒙德·胡塞尔著作的出版,科学史的问题又重新在哲学中孕育起来。

从 20 世纪 20 年代开始,德国哲学家的论题开始为法国所了解。更确切地说始于 1929 年 2 月胡塞尔在**法国哲学学会**(Société française de philosophie)宣读的著名报告:"笛卡尔式的沉思"①。胡塞尔的现象学以笛卡尔的**我思**(*cogito*)为起点,认为在**我**的思维存在之外,任何认识都不能得到确定。因而,现象学的还原概念就在于

---

① Edmund Husserl, *Méditations cartésiennes*, Paris, Vrin, 1986.

设立自我(l'ego)和思想的首要地位,并通过朝向对世界之意识的存在,越过所谓"自然"经验。由于"朝向"某个事物,自我(l'ego)从而成为先验的和意向性的意识。这样,依据一系列经验,自我(l'ego)就形成了对他者的观念。于是,先验的主体间性被定义为脱离各人自我(l'ego)的现实。

1935 年,在《欧洲科学的危机与先验的现象学》(*La Crise européenne et la Phénoménologie transcendantale*)(*Krisis*)[①]中,胡塞尔提出对于主体间性的寻求应该防止人文科学的非人性化。换句话说,通过使自我(l'ego)免于科学形式主义,先验现象学拯救了人的某种可能的科学。在这种科学里,自我(l'ego)能够显现为生命体或生命本身的结果。所以,在面对威胁着世界和平的野蛮之时,胡塞尔呼吁某种欧洲哲学意识,以回应向往生活在存在之自由建构中的人性。

实际上,胡塞尔的著作可以以两种方式解读,即以尼

---

① Edmund Husserl, *La Crise européenne et la Phénoménologie transcendantale*, Paris, Gallimard, 1976.

采和海德格尔的方式解读。胡塞尔的著作可以用来批判
启蒙(*Aufklärung*)自身的进步理想,并将存在的缺失置
于主体核心,从而打通一个新的意义和主体哲学。但从
另一个并不排斥前者的方式来看,胡塞尔的著作打开了
一种可能的认知哲学,这种哲学将撤出存在论主体或心
理学主体的所有形式[①]。萨特和梅洛·庞蒂属于第一种
方式,亚历山大·科耶夫和康吉兰属于第二种方式,而雅
克·拉康则选择置身于这两个方向的中间道路,既要追
回主体理论,又要求某种依赖于无意识规定性的理性
形式。

　　尽管康吉兰的反思中参考了很多胡塞尔著作,但康
吉兰并不是由此在第二次世界大战前夕进入科学史研究
的。相比胡塞尔这个康庄大道,康吉兰更倾向于医学和
技术的道路。在参加《谈谈方法》(*Discours de la méthode*)
1937 年的 300 周年纪念研讨会之时,康吉兰提呈的一个

---

　　① 　关于这一点,可以参照阿兰·巴迪欧的文本:Alain Badiou, «Y
a-t-il une théorie du sujet chez Georges Canguilhem? », in *Georges Can-
guilhem*, *philosophe et historien des sciences*. *Actes du colloque des 6—8 décembre
1990*, Paris, Albin Michel, coll. «Bibliothèque du Collège international de
philosophie », 1993, 第 295—305 页。

与后年课程①同名的报告见证了这一演进,他特别提出:科学总是出现于某个先已存在的技术变革框架之中。学者只是参与明晰、精炼或明确一个源自经验的知识。至于学者在反思中可能出现的概念化工作,极少是来自对技术成果的观察,而更是因陷入无法厘清的僵局所做的权宜②。

1939年,当意识到一场风暴很快就要席卷欧洲时,康吉兰在一本与同事卡米耶·普拉内(Camille Planet)共同编写的书中,以绝决的方式抛弃了其年轻时代的和平主义理想:"至于那些将和平置于一切之上的论点,不管其灵感是来自何种慷慨,不管其颂扬的论证是何等坚固,这种论点都有这样的缺失:其所谓和平只是对战争进行纯粹语词上的否定。也就是说,和平主义似乎不知道,直

---

① 即康吉兰1938年为图卢兹哲学学会所做的交流报告,"技术活动与创造(Activité technique et création)"。——译注

② 参见:«Descartes et la technique», in *Travaux du XIe congrès international de philosophie*, t. II, Paris, Hermann, 1937,第77—85页。还可以参见:« Activité technique et création », in *Communications et discussions*, Société toulousaine de philosophie, 2e série, 1937—1938,第81—86页。以及参见:Jacques Piquemal, «G. Canguilhem, professeur de terminale (1937—1938)», *op. cit.*

至今日和平之名所包含的意思，不是国际冲突的不存在或取消，而只是这些冲突的一种形式，战争则是这些冲突的另一种形式。"①在书末，康吉兰邀请读者进行明确的选择。他说，战争实质上是两种社会类型的对抗，应该像莎士比亚的哈姆雷特一样懂得选择阵营。

1940年9月，新学期不久，康吉兰知道了如何选择他的阵营。在他眼里，如同他随后所写道的那样，法国的军事失败是不可接受的侮辱："需要自以为多么熟悉上帝的道路与企图，才能在其中读出道德救赎的承诺；需要拥有多么贪婪的权力欲，才能在其中寻找政治更迭或社会革命的机遇。"②为了拒绝服从贝当③元帅，康吉兰以"个人便利"之由请辞法国大学。康吉兰对图卢

---

① Georges Canguilhem et Camille Planet, *Traité de logique et de morale*, Marseille, Imprimerie Robert et fils, 1939. Cité par Jean-François Sirinelli, *Génération intellectuelle*, *op. cit.*, 第598页。

② Georges Canguilhem, *Vie et mort de Jean Cavaillès*, *op. cit.*, 第18页。

③ Philippe Pétain(1856—1951)，法国陆军将领、政治家，也是法国维希政府的元首、总理。他曾在第一次世界大战期间担任法军总司令，带领法国与德国对战，被认为是民族英雄，1918年升任法国元帅。但1940年任法国总理时，他向入侵法国的德国投降，至今在法国仍被视为叛国者，战后被判死刑，后改判终身监禁。——译注

兹学区区长罗伯特·德尔泰伊(Robert Deltheil)宣称：
"我获得哲学教师资格不是为了教授**劳动、家庭和祖国**。"①

康吉兰是三个年幼孩子的父亲，他因此只能靠妻子西蒙娜(Simone)维持生活。在康吉兰献身医学研究的时期，西蒙娜保留了自己的教职和工资。未来的共产主义抵抗运动英雄让-皮埃尔·韦尔南②，化名贝尔捷(Berthier)上校，接替康吉兰成为图卢兹学区文科预备班老师。但康吉兰的请辞是短暂的。1941年2月，斯特拉斯堡大学(撤退到克莱蒙-费朗)逻辑与哲学讲师让·卡瓦耶在索邦得到任命，他于是成功说服康吉兰接替他的讲师席位，并建议康吉兰参与在该区域组织的抵抗运动。康吉兰因而在参加埃马纽埃尔·德·阿斯捷·德·拉·

① 对让-弗朗索瓦·西里内利(Jean-François Sirinelli)进行的宣告，参见：*Génération intellectuelle*, *op. cit.*, 第598页。康吉兰发给我同一个版本的宣告，多次加入这个段落："我通过哲学教师资格考试不是为了服务于贝当元帅。"参见：François Bing, *in* Georges Canguilhem (dir.), *Actualité*, Paris, Institut Synthélabo, 1998.

② Jean-Pierre Vernant(1914—2007)，法国人类学家，历史学家，古希腊神话专家，法兰西公学院名誉教授。著有《希腊思想的起源》、《古希腊的神话与宗教》、《神话与政治之间》等。1942年参加抵抗运动。诺曼底登陆时(1944年6月)参加抗德游击队。——译注

维热里①解放运动(后来成为"南方解放运动")的同时，又重拾了教职。

康吉兰是以拉丰(Lafont)为代号的抗德游击队员，成为亨利·安格朗②(奥弗涅地区抵抗运动首领)的合作者。与此同时，他继续教学和研究工作。1941年至1942年间，他在上朋友丹尼尔·拉加什的课时，探究了库尔特·戈尔德施泰因③的著作。1943年7月，尽管面临战争带来的各种困难，康吉兰在积累了重要的文献资料后，在由阿尔弗来德·施瓦茨(Alfred Schwarz)(药理学和实验医学教授)为主席的答辩委员会面前，完成了关于正常与病态的医学博士论文答辩。之前，他也以同一主题开过一门课程，并得到斯特拉斯堡医学院(尤其是生理学家夏尔·凯泽⟨Charles Kayser⟩和逻辑学家马克·克莱因⟨Marc Klein⟩)各位老师的指导。

---

① Emmanuel d'Astier de la Vigerie(1900—1969)，法国著名记者、作家与政治家。他在二次世界大战创造了法国抵抗纳粹的主要集团 Libération-Sud(南方解放运动)，也是期刊 Libération(《解放》)的创始者与领队。——译注

② 亨利·安格朗(Henry Ingrand)曾经也是医生。

③ Kurt Goldstein(1878—1965)，20世纪德国神经科医生、精神病专家，现代神经心理学先驱。——译注

在读这本杰出著作①的时候，很难相信康吉兰和拉丰会是同一个人。这些哲学家的出色假说和外部环境（完全没有出现在其论证之中）如此分裂，人们直到今天都很难相信，随着轴心国在非洲力量的垮台和同盟国登陆意大利，在欧洲法西斯主义正在遭到溃败之时，这篇具有如此特质的论文可以在战火硝烟之中完成答辩。然而，哲学家所进行的反思与抗德游击队员的活动并非不相干。值得注意的是，康吉兰和卡瓦耶一样，从来都不是能够扛枪作战的战斗人员。康吉兰因其和平主义主张，保持着对身体暴力的厌恶；而他成为和平主义者，也许就是因为战争狂暴激发了他的反感。

一直以来在游击队里，康吉兰主要进行的是人道主义活动：他在那里冒着生命危险行医②。而且，这也是他生命中唯一实践这门学科的时期。也就是说，他也只是在战争中并因为战争才做医生的：急救、外伤和杀戮的医

---

① 指《正常与病态》。——译注
② 康吉兰曾诙谐地对弗朗索瓦·宾说，他"在奥弗涅的游击队里只有几个星期"是在行医。真实情况则完全不同：康吉兰实际上是游击队的真正医生。

生,当下和紧急情况下的医生,事件和创伤的医生。之后,他没有再重新行医。况且,他拒绝进入医生队伍。

在这一点上,在康吉兰的生命轨迹中,在他正常状态概念这个闪闪发光的命运中,医学和抵抗运动有相互关联的部分。如果说进入医学使得哲学家康吉兰能够成为拉丰,那么抵抗运动作为某种个体性反抗,对他来说就像规范性秩序中非连续性的范式一样起着作用,也就是说,就像是采取新规范的时机、生命的出路。在这里,怎能不让人想起尼采所肯定的命令:只有融入当下的力量,才有权质问过去,以此更好地理解未来。人们永远也无法说清行动哲学在两种模式(抵抗行为和治疗行为)中所实际经历的这种巧合,到底给予康吉兰关于正常状态本质的反思多少启发。

1940年6月的正常状态是什么?是服从那个几乎被所有人都接受并被那个断言将自己献给法国的人所体现出来的秩序吗?或者相反,是与正常状态的种种表面现象极端决裂,是对另一个规范(只能立即导致流亡或死亡)的选择?在此决定性时刻,正常是在哪一边呢?在伦敦?在游击队?还是在维希政府?

康吉兰对这个问题的回答,就是和另外几个知识分子一起致力于拯救法国，不仅仅是把法国从奴役和军事失败中拯救出来，还更是从羞耻和侮辱中拯救出来。有的人献出了他们的生命——马克·布洛克[1]、阿尔贝·洛特曼[2]、鲍里斯·维尔德[3]、乔治·波利策[4]，有的人存活了下来并见证了这一切：让·皮埃尔·韦尔南、露西与雷蒙·奥布拉克[5]。康吉兰有幸成为后者的一员。在年轻一代面前，他从未停止提及这些为了自由牺牲了自己未来的人。他总是说：没有任何生命的正常状态，更加没

---

[1] Marc Bloch(1886—1944)，法国历史学家，1929年创办了标志着年鉴学派形成的《经济与社会史年鉴》杂志。1942年参加自由区的地下工作，1943年参加抵抗运动，1944年3月被捕，在监狱受到虐待，同年6月被枪决。——译注

[2] Albert Lautman(1908—1944)，法国数学哲学家。参加过第二次世界大战的战斗，曾被德军俘虏，1941年逃离集中营。但后来又参加了秘密部队，帮助盟军飞行员逃往西班牙。1944年5月再次被捕，同年8月在集中营被枪决。——译注

[3] Boris Vildé(1908—1942)，法国巴黎人类博物馆的语言学家和人种学家，北极文明专家。1940年开始创建并指挥了最初的抵抗运动，1941年3月被捕，1942年被枪决。——译注

[4] Georges Politzer(1903—1942)，法国哲学家、马克思主义理论家，匈牙利犹太人出身。1940年留在法国共产党的地下组织，1940年7月指挥地下新闻简报的出版，创建了第一个大学抵抗运动网络。1942年2月被捕，同年5月被枪决。——译注

[5] Raymond Aubrac(1914—2012)，民营企业工程师，与妻子Lucie Aubrac从1940年开始参与抵抗运动。——译注

有任何在生命过程中包含死亡的正常状态,会让人喜欢贝当甚于戴高乐、喜欢法西斯甚于反法西斯、喜欢赖伐尔①甚于让·穆兰②。正因为理解了这一点,即死亡总是要对生命负责,所以,英雄能够成为英雄,并为永生而死。另外,也是在这个意义上,英雄与狂热者或恐怖分子区别开来③。在我们这个时代,去歪曲抵抗运动的英雄,并给他们抹上道德缺陷甚至道德卑劣的色彩,是很时髦的——我尤其想到那些对让·穆兰和雷蒙·奥布拉克的攻击④——,但重申下面这一点是有益的:任何关于圣徒传记或传说的争论都不能证明取消英雄主义本身的本质

① Pierre Laval(1883—1945),法国欧贝维利耶省议员和区长,多次成为第三共和国的部长和议会主席。是继贝当之后,维希政府的重要人物,也是法国与德国纳粹合作政策的始作俑者。——译注

② Jean Moulin(1899—1943),法国厄尔-卢瓦尔省行政长官。1941 年在伦敦参加抵抗组织,受到戴高乐接见,并汇报了法国抵抗运动的状况以及财政和装备的需求。被戴高乐派往里昂开展抵抗运动,1943 年 6 月被捕,同年 7 月,在将他送往德国的火车开离法国边境线之前死在火车上。——译注

③ 在《日本的自愿之死》(*La Mort volontaire au Japon* ,)(Paris, Gallimard, 1984)一书中,莫里斯·潘盖(Maurice Pinguet)很好地区分了(日本军官 1945 年)英雄式自杀与(希特勒及其附庸的)狂热之死,前者使得新的社会得以生存,后者的目的是通过消除痕迹、否定过去和未来以废除历史。

④ Gérard Chauvy, A*ubrac* : *Lyon* 43, Paris, Albin Michel, 1997.

是正当的。

在《伊利亚德》中,在未来战争悲剧中的各个主角面对各自命运的时刻,我们可以找到荷马笔下英雄主义最激动人心的定义。众所周知,只有阿喀琉斯表现出能够实现来自古希腊英雄主义概念中"短暂生命和壮烈死亡"的绝对理想①。因为生得短暂、死得光荣的阿喀琉斯,不仅是唯一一个每次都敢于不顾生命危险毫不犹豫置身战斗的人,他也是懂得并选择提前以无条件方式、以不朽的英雄荣耀之名,抛弃世俗统治中寻常荣誉的人。他宁愿失去生命成为传奇,也不愿能够有一天,在和平到来之时收获胜利的果实。正如让·皮埃尔·韦尔南所阐释的,阿喀琉斯因此解答了人之条件的重大疑难之一:"在死亡中找到超越死亡的方式,通过给予死亡其所没有的意义,即死亡绝对丧失了意义,而用死亡本身战胜死亡"②。

---

① 可能这个概念是普遍的,因为我们在很多其他贵族社会,尤其是日本,也能找到这样的英雄主义概念。

② Jean-Pierre Vernant, *La Traversée des frontières*, Paris, Seuil, 2004, p. 60. 一旦到达死亡王国,阿喀琉斯不再是同一个阿喀琉斯。在《奥德赛》中,在回答质问他的尤利西斯时,阿喀琉斯说他宁愿做最后一个奴隶,也不愿成为死阿喀琉斯。(同上,第80页)

当然,康吉兰受到了足够的希腊文化浸染,他不会不知道《伊利亚德》的教诲,但走向行动的道路震撼了他。这对于一个知识分子来说,决定了其对英雄命运的选择。他常常自问:一个在著述工作中的思想者,何时可以决定参与到献身行动中,不仅是献出了为了战胜死亡本身的生命,还要献出他所肩负之著作的未来。在这种情况下,英雄主义预设了选择短暂生命和壮烈死亡的勇气,但又不仅仅如此。

如果马克·布洛克、卡瓦耶没有在战斗中阵亡,他们将会写出怎样的著作?但反过来,如果康吉兰在写下未来著作的只字片语之前,就已经在游击队遭遇不幸,他在法国哲学中的位置又会是什么?当我们想象鲍里斯·维尔德在完成他人类学家的命运之前就被夺去了生命,我们不得不提出这样的问题,康吉兰就这样自问过。我随后可以证明这一点。

康吉兰说,英雄主义是一种在普遍概念的范畴下构想行动的方式,由此,精神主体的所有形式都被排除。一旦主意已决,一旦一个人的历史与世界的历史实现相遇,一切的发生就好像是每一进展、每一动作都受之于外部,既没有掌控也没有预谋："行动在成为梦想的姐妹之前，一直是严谨的女儿。"①康吉兰这个主要针对知识分子的定义，其力量在于：它将所有英雄行动抛给了行动本身几乎无意识但又有意选择的严谨。

当然，一个人总是可以诉诸他的过去、"根"和独特历史，来作为他选择的原因，让·皮埃尔·韦尔南就是这样做的："1940年，在战败之际，我感受到的是根，这种感受如此深刻，以至于我想我们不能与德国和纳粹的占领生活在一起。与此同时，在阿尔及利亚战争之时，[我这]同一个好好先生，同一个法国人，带着忠实于自身认同的同样感觉，认为阿尔及利亚人有权独立；那么，在我的民族本位主义传统中，当德国人在我家的时候，我[在这里]看不到我曾经为他人捍卫的同样权利。"②

然而，这个例子表明，让人投入英雄主义实质的抵抗行动，完全可以揭示出其他不同于眷恋土地、自身传统、

---

① Voir Georges Canguilhem, *Vie et mort de Jean Cavaillès*, *op. cit.*, 第 34 页。

② 关于"今日法国人"(«Être français aujourd'hui»)为主题的讨论会报告，参见：*Le Croquant*, 23, printemps-été 1998，第 13 页。

美食或美丽风光的东西。如果是为了同样的理由，这同一个人要去将法国从纳粹主义强加的耻辱中拯救出来，将阿尔及利亚从这同一个法国所强加的殖民式顺服中拯救出来，那么，采取行动的决定就是以某种普遍性——或更确切地说，以丧失自我和进入自我的真相——为名进行的，而这大大地超出了对本位主义的各种参照。那么，**行动**揭示了一个人（所以，也是一般意义上的人类）的自我认同，揭示了一个人在当下瞬间与行动本身相融合的能力，勒内·沙尔（René Char）写道："如果我逃跑，我知道我会与这个重要年代的芬芳决裂，将我的财富静静地丢弃在（不是撤退到）远离自己的地方。"①

所以，不管英雄是在黎明登上诺曼底海滩的一个普通士兵，还是能够知道意志和理解力是一回事的斯宾诺莎主义数学哲学家，这不重要；不管他是一个拒绝在拷打下招供的战斗者或公务员，还是具有多重面具的特务，这不重要。简言之，不管英雄之前或之后是怎样的存在，不

---

① 这句话是勒内·夏尔与 1943 年的战火中写的。参见：*Feuillets d'hypnos*, Paris, Gallimard, 1946.

管他的"心理状态"、社会来源或他自己给自己的选择所找的理由是什么,这不重要。在英雄主义这里,唯一重要的是:对命运(阿喀琉斯的命运)有所选择,并支配着行动的瞬间严谨,将其引入炽烈状态。因为这样,行动就是成就。兰波曾说,思想斗争与人的战斗一样剧烈。

如果历史环境有所不同,康吉兰可能还是会以同样的方式撰写他的开创性著作《正常与病态》。在和平年代,可能他还是会发明同样的语词和概念。但如果是这样的话,这部重要著作的命运还会是如此吗? 它还会在这整个一代哲学家和知识分子的眼中占据同样的地位吗? 它还会让所有那些理解此书的人夸耀这种理解吗(即作者对正常概念的颠覆,既是摆脱所有主体心理学的方式,又是发明一种建立在概念分析严格性基础上新英雄主义哲学的方式)?

我们从著作[《正常与病态》]的前言就可以了解到康吉兰所宣称的正常状态与病态的定义:"病态现象与正常现象在相近的定量变化上是等同的。"[①]这个定义与1932

---

① Georges Canguilhem, *Le Normal et le Pathologique* (1943), *op. cit.*, 第 9 页。

年拉康关于妄想狂精神病的医学博士论文①中的前卫定义一样。在这两种情况下，生物学问题与心理和精神问题一样，都涉及到在定义了差异的情况下，将所谓正常情感和所谓病态情感包含在同一本质之中。根据这个概念，不再用固定的构造，而是用身体或人格对生死攸关之处境的反应，来把握(作为精神障碍的)精神病和(作为器官障碍的)疾病。

为了思考这个问题，拉康依据的是斯宾诺莎哲学；而10年后，康吉兰则是受库特·戈尔德施泰因的著作《有机体结构》(*La Structure de l'organisme*)②(1934年发表于德国)的启发，同时向法国精神病学知识界致敬——尤其是夏尔·布隆代尔③、欧仁·明科夫斯基④和丹尼尔·拉

---

① Jacques Lacan, *De la psychose paranoïaque dans ses rapports avec la personnalité* (1932), Paris, Seuil, 1975.

② Kurt Goldstein, *La Structure de l'organisme* (1934), Paris, Gallimard, coll. «Tel», 1983. 由皮埃尔·费迪达(Pierre Fédida)作序.

③ Charles Blondel(1876—1939)，法国哲学家、心理学家和医生。1923年开始对精神分析进行尖锐的批判，称其为"科学猥亵"。1928年第一届达沃斯会议的报告人，1937年开始接替索邦的病理心理学教席。列维纳斯、布朗肖都曾听过他的课。——译注

④ Eugène Minkowski(1885—1972)，20世纪法国杰出精神病学家、精神病理学家。其思想受柏格森的"创造力"和马克斯·舍勒的"同感"影响，认为精神分裂是一种与现实脱离联系的过程。1921年出版的著作《精神分裂症》提出，精神分裂症不是精神疾病的一种，而就是精神疾病的统称，它是一种主体人类学。——译注

加什,这些人也对"定义不健康或不正常心理事实的一般本质及其与正常的关系"[1]都有所贡献。

戈尔德施泰因是在 1914 年至 1918 年大屠杀的战场上培养起来的精神病科医生和神经科医生,他曾经负责照料神经损伤者,并观察到在这些神经损伤者那里建立生命新的正常状态,意味着在他们与新的、但"变窄了的"介质有关的行动层面的缩减。因此,在发生脑部病变的患者那里,狭窄反映出他们无力去回应之前正常状态的要求,但狭窄并不是减退:照戈尔德施泰因看来,实际上,疾病的独特性在于,它不能导致生命的任何复归。病人新的健康状态从来就是和以前不一样的,康吉兰说:"没有任何治愈可以回到生物的纯真状态。治愈,就是给予生命以新的正常状态,有时比之前的更优越。"[2]

我们很清楚,与战争相关的境况会颠覆和平时期人们所习以为常的东西,它也会使人以另一种方式来理解

---

[1] Georges Canguilhem, *Le Normal et le Pathologique*, *op. cit.*, 第 69 页。

[2] 同上,第 156 页。还可参见:《 Une pédagogie de la guérison est-elle possible? 》, *Nouvelle revue de psychanalyse*, 17, printemps 1978, 第 13—26 页。

常规与病态。与战争相似，疾病就是一种震荡，一种将存在置于危难的状态，人体机制会因此在自身之中以一种灾难性的方式运行。在战争的紧急状态中，总是会有医生无比谦逊地为病人服务，如有机会，他们也会构想一种关于常规的新理论。但也存在着某些其他形势，在这些形势中，世界暴力可以以生命相威胁，在临床医生或学者的意识里产生对常规与病态的别样看法。在这点上，安布瓦兹·帕雷[①]、伊尼亚斯·泽梅尔魏斯[②]或扎维埃·比沙[③]之间也许就鲜有差别了。

戈尔德施泰因就是从其战时经验中得到这样一个观点：所有理论都必须建立于对病人直接的"临床"观察基础之上（即"成为个体化"这样一个理念），这是对人体机制（包括其与介质、环境和主体的关系）建立现象性理解的唯一方式。

① Ambroise Paré(1510—1590)，16 世纪法国外科医生和解剖学家。——译注

② Ignace Semmelweis(1818—1865)，19 世纪匈牙利物理学家，消毒灭菌处理的先驱。——译注

③ Xavier Bichat(1771—1802)，18 世纪法国医生、解剖病理学家。——译注

因而,在精神病学那里和在神经病学那里是一样的,它们的问题是相同的:必须把常规与病态放在一起考虑,以便在其中建立一个绝对优先的主体性,也就是说,建立一个可以相对于某个介质而做出反应的绝对优先存在。戈尔德施泰因和康吉兰一样,认为主体是内在于生命体的;在明科夫斯基那里,主体是存在的;而对拉康来说,主体则是由语言引起的。

康吉兰在著作的第一部分提出,与"病态只是正常状态的数量性变化"这种观念相关的有两个疾病观念,其中一个是现代的,它源自牧师的工作,它将疾病(mal)视为某种异于身体的外在因子(微生物或病毒)。另一个则来自希波克拉底传统,这个观念认为疾病破坏了体液平衡。从此,疾病因子不再外在而是内在于其所破坏的身体自然平衡。从第一个疾病观念中发展出了一种存在论医学,从第二个则发展出了一种运动论医学。

这两个流派的对立具体体现在奥古斯特·孔德①和

---

① Auguste Comte(1798—1857),法国哲学家,社会学和实证主义的创始人,被称为"社会学之父"。主要著作是《实证哲学教程》。——译注

克洛德·贝尔纳①之间的经典争论。

孔德以病态为基础探索常规,这是建立在弗朗索瓦·布鲁塞②原则基础上的,即认为疾病是各种组织炎症的缺失或过度。而克洛德·贝尔纳则正相反,由于他在病态中看到常规状态的变异,因而他以常规状态来解释病态。

基于对这两个见证了现代医疗科学诞生之论述的批判性考察,康吉兰认为克洛德·贝尔纳的论述对疾病采取了一个过于生理学的态度。如果说生理学能够确认某个疾病,这个生理学科学获得这个认识的场所应该是临床。这也就是说,尽管生理学是医学学科的一个基础科学,但只有临床才能使生理学与具体的个体发生接触。这也就是为什么康吉兰在研究过哲学家(孔德)的概念,然后是学者(克洛德·贝尔纳)的概念之后,他研究了专

---

① Claude Bernard(1813—1878),19世纪法国医生、生理学家,实验医学和现代生物学创始人。——译注

② François Broussais(1772—1838),法国大革命时期和法兰西第一帝国时期的医生和外科医生,被誉为波旁王朝复辟时期的"医学大帝"。生前创造了"布鲁塞斯体系",死后该体系被人抛弃。——译注

科医生(勒内·勒里什①)实际操作的临床技术。

　　勒里什依照克洛德·伯贝纳的正统传承,在(健康的)生理状态与病态之间看到了某种连续性。但他认为生理学不足以解释疾病,而是疾病本身在揭示生理学。勒里什因而倾向于某种引入了病人及其痛苦和疼痛角度的运动论医学,他说:"健康就是器官的沉默……疾病,就是在人的生活中滋扰其正常活动……尤其是使其痛苦的东西。"

　　康吉兰则在回归乐赫什的观点之后,在其著作的第二部分追问是否存在一种关于常规和病态的科学。正是在这个思路之下,康吉兰采纳了戈德斯坦的论述,既是为了引入唯一能够判断常规性的关于病人的视角,也是为了表明生理学是"生命稳定形态的科学"。需要指出的是,这一绝妙的定义已经远离之前的那个传统定义,即认为生理学是"人体健康状态下的功能科学"。

　　康吉兰从而区分了疾病的异常和病态的异常。前者是定义在空间之中,并不参照病人:它显示于"空间上的

---

　　① 　René Leriche(1879—1955),法国外科医生和生理学家。疼痛、血管外科和交感神经躯干专家。在一战期间,是第一个注重疼痛并实践温和和节约血浆的外科手术者之一。——译注

49

多样性"。后者则处于时间之中,并总是假设一个有意识的主体的存在,这个主体在他与医生的关系中表明其疾病。疾病本身,就"在时间序列中显现"。但即便疾病是时间性的,在危重期和急性期之后,疾病还是会在病人的身体里或意识里留下印记,就像是对"过往"的怀旧:"我们生病了,不仅是相对于别人,还是相对于自己。"对于病态学来说,它揭示的是生物学而不是生理学。

为了达到对概念的这些定义,康吉兰着手对"异常"(anomalie)、"反常性"(anormalité)和"常态"(normalité)这些术语进行语义学研究。"异常"是一个没有形容词对应的名词,它指的是某种与反常性、疾病或病态无关的奇特的生理事实,但它又与某种维持生命所必需的标准(normativité)相关,也就是说,它与生命本身所具有的常态方式相关。因此,"异常"等同于某种生物学秩序的畸形、残弱或不规则,它是体格上的或是先天的,比如,独眼畸、雌雄同体、兔唇等。①

----

① 参见:Georges Canguilhem, «La monstruosité et le monstrueux» (1962), in *La Connaissance de la vie*, Paris, Vrin, 1965.

相反,病理学则指某种情感(*pathos*),也就是某种直接和具体的痛苦和无力感觉。如果这里反常性是由其统计学上的相对频率来定义的,病理学因此就是一种反常性的标志。反常者与正常者一样正常,因为这二者都能表现出有生命的组织形式。比如,我们可以说某种完全持续的健康是反常的:"反常状态在其表达与生命标准的关系时,不能毫不荒谬地被说成是正常的。但这个正常也不能毫不荒谬地被说成等同于生理学的正常,因为这涉及到其他规则。反常并不是因为缺乏正常状态而被称之为反常。没有标准就无所谓生命,而不健康状态却总是某种生存的方式。"[1]

康吉兰远不是为了追求主体对疾病的单纯亲身经历,就要放弃生理学领地,而是将临床植根于一个在意识以内或在意识界限中的区域[2]。因此,只是因为生命本身在人类意识中引入生命和健康的范畴,才有病理学科

① Georges Canguilhem, *Le Normal et le Pathologique*, *op. cit.*, 第 156 页。

② 参见:Pierre Macherey, «De Canguilhem à Canguilhem en passant par Foucault», in *Georges Canguilhem*, *philosophe*, *historien des sciences*, *op. cit.*, 第 288 页。

学。换句话说,正常状态远不是外在于生者,而就是由生命本身的运动产生的。所以,不存在"正常状态的生物学。只有关于*所谓*正常情况和条件的科学。这个科学就是生理学。"①生理学因此就是"生命稳定化形态的科学",也正是这门科学从根源上奠定了医学学科,但只有临床能给予病理学概念有效性。由此引出了现代医学的地位:它本身并不是一门科学,但它用*一切*科学的成果来提供生命的种种正常状态。不过,如果说只是因为人会感到自己有病,医学才能存在,那么也正是多亏医学的存在,人才知道他们病在哪里以及病从哪里来。

康吉兰强调实验室的那个时代,实验室还尚未主导临床知识;而康吉兰对正常状态的论证,则是通过一个比强调实验室更具预言性的宣告完成的。实际上,康吉兰强调:如果实验室经验(生理学)的目的是取代临床观察,那么实验室经验(生理学)也就再没有任何诊断价值了。我们今天真应该记得这个杰出的宣告!因为只有在倾听

① Georges Canguilhem, *Le Normal et le Pathologique*, *op. cit.*, 第156 页。

和观察疾病的基础上，临床技术的重新开发才可能保证一个现代医学执业者的真正地位，并使他免于成为实验室和药理学的仆从。我们知道实际上，实验室检查结果的真正解读与制定恰当有效治疗处方的能力一样，都依赖于诊断技术。

康吉兰的论文对 60 年代的哲学，无论是雅克·拉康的学生，还是路易·阿尔都塞的学生[①]，无论是福柯，还是一线的临床医生和科学史学家，都有强烈的冲击。康吉兰在完成这样的论文答辩之后，继续他在奥弗涅游击队的医生活动。1944 年初，他在莫兰[②]建立了一家乡村医院；随后的夏天，他在圣阿尔邦的医院呆了几个星期，并在那里藏匿和照料伤员。也是在这里，在反法西斯主义精神和弗朗索瓦·托斯盖勒[③]、吕西安·博纳

---

① 参见：Pierre Macherey, «La philosophie de la science de Georges Canguilhem. Épistémologie et histoire des sciences », *La Pensée*, 113, 1964, 第 50—74 页。

② Maurines, 法国奥弗涅-罗纳河-阿尔卑斯大区康塔勒省的一个市镇，位于法国南部。——译注

③ François Tosquelles(1912—1994), 加泰罗尼亚裔精神病学家，体制心理治疗的创始者之一。二战期间流亡到法国，1952 年成为利马尼奥尔河畔圣阿尔邦医院的主治医生。他极大地影响了 20 世纪后半叶法国的精神病学实践与理论。——译注

费①麾下,集体精神治疗的最初经验发展起来了。在圣阿尔邦,聚集着抵抗者、疯子、诗人和治疗师,护士和精神病医生②:"我协助了他们的一些工作。我们交谈了很多。我对他们的诚恳依然记忆犹新。"③

康吉兰接着参加了篱雀山(Mont-Mouchet④)战役,其间与带解放军的奥弗涅反抗运动兵力汇合。他随后回到家人所在的卢瓦省,又下行到克莱蒙-费朗,在那里,他作为安格朗⑤(刚刚当选共和国特派员)的代表被派遣到维希政府工作。他因此过着肩负"微妙然而更危险职

---

① Lucien Bonnafé(1912—2003),法国去异化精神病专家,发展并实践了精神病治疗的区块策略,即在病人住宅附近开设看护场所,与精神病院有极大不同。——译注

② 参见:Élisabeth Roudinesco, *Histoire de la psychanalyse en France*, t. 2 (1986), Paris, Fayard, 1994,第 204 页。

③ 参见: «Ouverture», in *Penser la folie. Essais sur Michel Foucault*, Paris, Galilée, 1992,第 40 页。这是乔治·康吉兰 1991 年 11 月 23 日为 SIHPP 第九届学术研讨会所做的开场发言,这个研讨会献给《疯狂史》出版 30 周年,雅克·德里达也参加了此次探讨会。关于这个问题,请参阅本书第三章。

④ Mont-Mouchet,群山山脉,位于卢瓦省和洛泽尔省交界处,与康塔勒省不远,全长 1497 米,因二战期间在这里出现的游击队而闻名。——译注

⑤ Jean-Pierre Ingrand(1905—1992),维希政府的地区行政长官,后来担任布宜诺斯艾利斯法盟主席。——译注

责"①的生活,至于这个职责的内容是什么,他从未明说。

1944 年 9 月 12 日,当时在任部长亲手授予康吉兰战争十字勋章。此时,他是否会想起 17 年前,另一个战争时期的在任部长对他的指责?

解放翌日,康吉兰在斯特拉斯堡大学重新开展教学活动;接着,1948 至 1955 年,他接受了国家教育部哲学总督学的职位。在这一时期,他完成了关于反射概念形成②的哲学博士论文答辩,随后在索邦接任加斯东·巴什拉(Gaston Bachelard),任巴黎大学科技史研究所主任。学生和亲近的人给他取绰号"康",而他则一直工作到 1971 年,从而通过他的课程和著作——同时也在教职会考评委主席一职上,对哲学学生产生了重要的影响。

贝特朗·圣-塞尔南③曾是康吉兰的学生,他留下了一个让人难以忘怀的康吉兰肖像:"人们仰慕他、害怕他、

---

① 参见:Jean-François Sirinelli, *Génération intellectuelle*, *op. cit.*, 第 599 页。

② Georges Canguilhem, *La Formation du concept de réflexe aux XVIIe et XVIIIe siècles*, Paris, PUF, 1955.

③ Bertrand Saint-Sernin(1931——),巴黎四大名誉教授,哲学教授、科学史专家、政治与道德科学院成员。——译注

模仿他、爱戴他,却也逢迎他、批评他。有时,出于某种莫名的、束缚其天资的原因,他拥有比他行为准则所承认的更多的社会权力,也拥有比他实际应有的(如果他有的话)更少的直接光芒。在我看来,他似乎并不认为自己应受如此的思想荣耀,他因为某种没有依据但又无法根除的谦卑,反而在别人眼里显得特别高大。但是,当他分析一个作者,或者,当他总是能毫不疲倦地抽身出来帮助学生或研究者分辨研究兴趣或梳理志向时,就表现出必不可少又才智横溢的洞察力。"①

康吉兰的主要著作是在战火硝烟中写就的,相继有四个版本②。第一个版本于 1943 年在克莱蒙-费朗发表,标题为《论关于正常与病态的几个问题》(*Essai sur quelques problèmes concernant le normal et le pathologique*)。随后增加了前言,于 1950 年重新编辑出版。直到 1966

---

① Bertrand Saint-Sernin, « Georges Canguilhem à la Sorbonne », *Revue de métaphysique et de morale*, *op. cit.*, 第 91 页。

② 1) *Essai sur quelques problèmes concernant le normal et le pathologique*, Publications de la faculté des lettres de Strasbourg, Fascicule 100, Clermont-Ferrand, 1943. 2) *Ibid.* avec une préface, Paris, Les Belles Lettres, 1950. 3) *Le Normal et le Pathologique*, Paris, PUF, 1966. 4) *Ibid.*, avec un addendum, Paris, PUF, 1972.

年,康吉兰对此书进行了深度修改。他选择了更为简洁的标题《正常与病态》,以附录的形式加了一篇"告读者"并新增了一章,这都是在 1963 至 1966 年间完成的。新写的这一章以一篇题为《二十年后》的"告读者"开头,分为三个部分("从社会到生命"、"关于人的器质性正常状态"和"病理学的新概念:差错"),这让人看到某种和荷马史诗同样有力的英雄主义史诗[①]。其中,康吉兰对克洛德·贝尔纳[②]的某些评判有所缓和,重新认识了他在 1943 年没有认识到的克洛德·贝尔纳对临床的担忧,但一下子对勒里什就显得不再那么宽容了。康吉兰这本主要著作的最后一个版本是 1972 年的版本,康吉兰有意添加了一个补遗:"细节更正与几个补充注释"。也就是说,在这 30 年里,他从未停止修改他最初的著作,就好像针对每个新的事件,他都要让著作符合这个对正常状态进行颠覆的伦理——这也是其著作诞生最引人注目的

---

① 关于火枪手的英雄主义,请参阅本书第六章。

② Claude Bernard(1813—1878),法国医生和生理学家,实验医学的创始人。发明了作为现代生物学基础的"内部介质"和"生理常数稳定性"概念。——译注

一点。

不过,重要的改变是1966年进行的,这个改变是康吉兰通过解读福柯的著作《临床医学的诞生》(*Naissance de la clinique*)①表达出来的。

福柯与康吉兰1960年相遇。那时,福柯请康吉兰做他博士论文的报告人(这篇博士论文就是后来产生巨大反响的《疯狂与非理性——古典时期疯狂史》〈*Folie et déraison. Histoire de la folie à l'âge classique*〉②)。康吉兰立刻意识到:福柯激进地修正了思考疯狂的精神病学方式,还提出了定义正常状态的新方式,即用与社会规范性有关并产生理性与非理性晦暗分割的历史构造来定义正常状态。康吉兰一下子就看出福柯受益于阅读弗洛伊德著作,才意识到精神病学何时以及怎样离开了仁爱之堤,而成为疯子的警察。实际上,福柯从弗洛伊德那里吸取的不是正常状态的概念,而是对精神病院结构的新看法。

在《临床医学的诞生》中,福柯继续走在[与弗洛伊

----

① Michel Foucault, *Naissance de la clinique* (1963), Paris, PUF, 1972。这本书是在康吉兰当年主编的"盖伦"丛书中出版的。

② 关于这个问题,请参阅本书第二章。

德]相同的道路上,并为现代医学构造提供了一个历史起源。在福柯眼里,现代医学诞生于机构化的"医学观看",这种观看被构造为某种规范并在 3 个极点上组织起来:一个极点是病人——类似于被观看的对象或"观看对象",另一个极点是医生——唯一能够成为"观看主体"的人,最后一个极点是机构——负责在社会上将观看主体和被观看对象的关系合法化。

对于正常状态,康吉兰式的理解是它是由生命产生的,福柯则用社会秩序和进行正常化的载体取而代之。也就是说,福柯用社会正常性对立于生物正常性,用考古学对立于现象学。

福柯书中最美妙的部分是献给扎维埃·比沙的。比沙是对尸体开膛破肚的外科医生,在革命风暴中创造了生死关系的新概念。他剖析了战场上或墓地里挖出的尸体,开始重新发现人们已知的临床解剖病理学。在完成这个工作的同时,比沙还用一个新原则代替了对事物旧秩序进行的固定论式绘图法,这个新原则将医学知识从旧形而上学中纯化出来。他剥夺了神学家涉足死亡概念的神圣特权,从而转变了关于死亡的古典概念。因为如果生命是抵抗死亡的一系列功能,这意味着上帝无权对人类和动物世界进行生杀予夺。死亡不再属于上帝,从生到死的过程也不再依赖于上帝——既不依赖于天堂也不依赖于地狱——,而是依赖于生命机体自身生理学和病理学的双重过程。死亡因而内在于生命的历史,就像疾病内在于每个主体的存在之中,是死亡在生命中进展的征象。死亡是身体漫长退化的渐进现象,死亡从出生的那一刻就侵袭着人,死亡居于人之生命的整个过程,直到最后一刻。

吉尔·德勒兹说,"福柯分析比沙的论题时,语调提高到足以说明这涉及到认识论分析之外的其他问题。这涉及到对死亡的孕育,很少有人像福柯那样死于自身对死亡的孕育之中。这个属于福柯的生命力量,福柯总是把它思作和体验为以比沙的方式繁衍的死亡。"[1]

在1963年至1966年间,康吉兰自己又重新考虑用社会规范性代替生物规范性的福柯式替换,这不是为了宣告他1943年的论文无效,而是为了把它带到一个也许没有福柯的挑战就永远也不会到达的严格性上来,而福

---

①   Gilles Deleuze, *Foucault*, Paris, Minuit, 1986, 第102页。

柯的这一挑战本身也是从比沙的功绩而来的。

康吉兰并没有放弃将正常状态的生成锚定在与生命有关的力量中,他坚持认为正常状态不能在其自身的否定性沉思之外自我构造起来。因此就有这样的观念:疾病的威胁对于正常人来说是其健康的证明,也是一般性的人类健康的组成部分之一。总之,康吉兰指出了一门关于正常状态之科学的轮廓,在那里,不仅有生命体中正常与病态之辩证的整合,还有违反常规的优先性,即正常状态中之病态的优先性。

康吉兰部分地放弃了他年轻时期的生机论理想,就像病人放弃追求过去状态之惬意;他指出了人的矛盾身份,即在某种程度上永远患有"常人病"。因此,他指出"紊乱产生于正常状态的持久性,产生于正常之不可腐蚀的一致性;疾病产生于疾病的丧失,产生于某种与疾病几乎不相容的存在……"康吉兰总结道:"因此,正常人为了能够自以为并自称正常人,需要的不是对疾病的预见,而是其所携带的阴影"①。

---

① Georges Canguilhem, *Le Normal et le Pathologique*, *op. cit.*; 第216 页。以及 Pierre Macherey, «De Canguilhem à Canguilhem en passant par Foucault», *op. cit.*, 第288—289 页。

在康吉兰的这个改写中,既清晰地显现出福柯著作"所携带的阴影",又有阅读弗洛伊德《超越快感原则》(*Au-delà du principe de plaisir*)①的轮廓,此外,康吉兰在他后来关于生命②认知的工作中不断引证弗洛伊德。当然,这是一个与福柯的弗洛伊德不同的弗洛伊德,一个更为生物学家的弗洛伊德:他不是正常状态的毁灭者,而是死亡本能的理论家。

在这两个人,一个系于生死现象的生机论概念,另一个则纠缠于致死的暴政及其不可能的违抗(transgression)间所具有的晦暗划分;在他们之间的对话中,怎能不看到战后法国哲学最有生命力的一个时刻呢? 当然,也是最不寻常的时刻。因为很少能看到这样一个演变关系的倒转,即老师在选择成为其学生的人之著作启发下,修正自己的理论。康吉兰1991年说道:"从1961年来已经有30年了,福柯的其他著作——《临床医学的诞生》、

---

① Sigmund Freud, *Au-delà du principe de plaisir* (1920), OC, XV, Paris, PUF, 1996, 第273—339 页。

② 特别参见: l'article « Vie » de l'*Encyclopedia Universalis*, vol. XVI, 1973, 第764—769 页。

《词与物》(*Les Mots et les Choses*)、《性史》(*Histoire de la sexualité*)已经部分地盖过了《疯狂史》的最初光芒。我赞赏前两部著作。我在《正常与病态》中说了我对那第一部著作有多激动。我为那第二部著作写了一篇文章,那是一篇对我来说只有赞赏的文章。但 1961 年对我来说是且继续是一个发现真正大哲学家的一年。我知道至少已经有两个这样的大哲学家,他们是我研究中的同事雷蒙·阿隆和让-保罗·萨特,他们彼此互不宽容。他们也不能宽容米歇尔·福柯。但有一天,我们看到他们三人集结起来:那是为了反抗死亡而坚持一个无边界的事业。"[1]

《正常与病态》这部论著写于康吉兰参加抵抗运动的伟大战斗过程中。然而,有意思的是,我们观察到康吉兰的著作整体带着概念哲学与介入哲学最初相遇的痕迹,一个矛盾和出乎意料的痕迹。因为如果康吉兰从来都不是某种主体性介入哲学的理论家,他的整个生命就会保持着斯宾诺莎的方式——一个反抗的哲学家,不过只是

---

[1]　Georges Canguilhem, «Ouverture», *op. cit.*, 第 41 页。

概念的反抗。这也是为什么他将作为行为、适应和调节守则的心理学视作顺服和消除自由的学派。因为如同他总是抛弃泰纳①以及地表、种族和环境理论门徒的思想一样,他也厌恶对人的所有这类研究方法:即旨在将精神化约为事物、将灵魂化约为心理决定论、将思想化约为反射,简言之,将人类化约为昆虫。

因此,康吉兰1956年12月18日在哲学学院发表的著名报告中,致力于对心理学进行毫不留情的激烈否定,宣称心理学是"缺乏严格性的哲学",因为它是以客观性为借口的折衷主义;是"无追求的伦理",因为它不加批评性评判地联合各种经验;最后,还是"不受控制的医学",因为它将自己的各种预设建立在对疾病的观察上,而这些疾病是它永远也无法达至理解的——神经疾病②。

康吉兰在此骑兵式冲锋后,提出与这个学科缺乏自我认同相应的是它也缺乏对象。在康吉兰看来,这个缺

---

① Hippolyte Taine(1828—1893),法国哲学家、历史学家,主张文学艺术与种族、环境、时代三要素的紧密关系。——译注

② Georges Canguilhem, «Qu'est-ce que la psychologie?» (1956), in *Études d'histoire et de philosophie des sciences*, Paris, Vrin, 1968.

陷的证据是这样一个事实:心理学永远在寻找不可能的统一体,也就是在种种所谓观察领域——实验心理学、精神分析、临床心理学、社会和人种心理学——中寻找一个无法找到的综合。按照康吉兰的说法,在这个总是不可捉摸之统一体的场所和位置,我们发现始终对立的专业人士间有一个和平共存协定,即归顺大师之间的协定。心理学作为既没有本质也没有对象的"事物",因此只能归结为服务于同行的一门技术,而它自己则屈从于法官、审查官的权力,或者屈从于教育者之人将人工具化功能的权力。

康吉兰并不满足于[对心理学的]这一系列否定性定义。为了给他的论证提供依据,康吉兰诉诸了历史,从而将心理学第二次置于死地。康吉兰解释说,实际上,为了确保幸存,心理学不管依赖何种思想体系,它始终是在模仿,或是被另一种可理解性模式取代,更或是溺毙于自身的泥塘之中。

从古代开始,当心理学自称自然科学的时候,它实际上就一方面依赖生理学,一方面依赖医学。正因此,它作为生理学能够整合到亚里士多德的体系之中,在这个体系中,灵魂被视作有生命者身体的形式,而不是与质料相分离的实体。相反,作为医学,它又在盖伦学说中被撤销,因为盖伦将神经视为灵魂所在地。况且由于心理学自称是两个游荡中对象的科学,所以它在这方面也毫无科学地位。

在亚里士多德物理学衰落之后,心理学装出一副主体性科学的样子,以为自己的时代终于到来,但它只不过是跨出走向失败的新的一步。它时而自诩外感官的物理学,寻找对感觉的实验性描述,而它实际上只是在模仿机械论物理学。它时而又表现为内感官的科学,以致很快就被化简为学习期的教学法。最后,它还时而将自己构造为私密性的科学,但因此它发现它一方面被附属于医学的精神病学所取代,一方面又被精神分析所取代,后者是唯一能够在无意识概念的作用下重新思考意识原则的学科。

那么,对于心理学来说,只剩下将自身建构为行为和反应的科学。康吉兰解释说,但即便是在这条道路上,心理学的死路也几乎是确定无疑的。因为心理学因此就必须依赖生物学,可能将自己变成"视人为工具之野心的工具"。结果就是心理学在测试、鉴定和挑选程序上溺亡。

在将心理学表现为进行工具化的双重计划之后，康吉兰说出了一句因模糊性本身而很快出名的话，这句话也被几代精神病学家、心理学家和精神分析学家无数次地评论："当我们从圣-雅克街走出索邦，我们可以上行也可以下行。如果我们向上走，就会接近先贤祠，它是某些伟人的博物馆；如果我们向下走，我们肯定会走向警察局。"①也就是说，按照哲学家的说法，心理学从来别无选择，只能徒劳地靠近英雄主义哲学，并永远也不可能停止去实现归顺的技艺。

那么为什么康吉兰在 1956 年的时候这么热衷于揭露这个在他眼里既无对象亦无自我认同的假科学？为什么如此猛烈？那么心理学是否是在战后法国大学达到如此具有威胁性的境地，以至于这个作为世纪最伟大的哲学家之一的人感到必须向它表现出如此的唾弃？

实际上，这一天，康吉兰是在攻击他过去在巴黎高师

---

① Georges Canguilhem, «Qu'est-ce que la psychologie? », *op. cit.*, 第 381 页。

的同窗好友丹尼尔·拉加什,后者既要寻求统一心理学的多种分支,又要在这个学科内部引入精神分析的临床教学。其实,康吉兰在这个"统一论"计划中,看到可能会将高贵素材(医学、生物学、生理学、哲学和文学,等等)从属于心灵和灵魂的工具化模式;从长期来看,这有将共和国的教授们转化为心理教育者的危险——这种教师更关心的是去帮助遇到困难需要帮助的学生,而不是去培养服务于自由理想的精英。在康吉兰眼里,考虑到心理学研究在民主国家的奇妙扩张,这种模式也可能会浸染到整个社会结构,因为对人际关系现象的经营会在社会结构中代替政治和理智介入的所有形式。

正是以此之名,康吉兰表现出对行为心理学①特别激烈的反对。尽管临床心理学家进行了充满勇气的斗

---

① 不管这种行为心理学是行动主义的还是认知行为式的,这个心理学总是旨在将人类主体化简为其行为的总体,并想要根据所谓"科学"但又就其对象而言并不充分的程序来评估这些行为。参见:Marie-José del Volgo et Roland Gori, *La Santé totalitaire. Essai sur la médicalisation de l'existence*, Paris, Denoël, 2005. 行动主义(behaviorisme)是一个直到 50 年代在美国得到充分发展的心理学流派,它依据的是这样的观念,即人类行为唯一遵守的是刺激－反应原则。因此,它是行为主义(comportementalisme)的一个变种。

争,康吉兰还是有理由认为,就因为心理学的科学主义要求,心理学会以向其他心理学分支强加统治权而告终,康吉兰写道:"但是,照我们来看,相对于其他心理学研究的类型,构成行为心理学特征的是它先天就没有能力在明晰性中了解和展示它的创建性计划。如果说在心理学之前的某些类型的创建性计划中,有一些还能够被认为是哲学性误解,这里则正相反,当它拒斥了与哲学理论的所有关系后,这样一个心理学研究还能够从哪里获得意义就成为问题。这门心理学以及这些心理学家通过在生物学的模型上,将自己认作态度、反应和行为的客观科学,他们完全忘记对他们自身的那些相对于历史环境和社会介质的特别行为进行安置,然而就是在这些历史环境和社会介质中,才导致他们提出他们的方法或技术,才使他们能够让人接受他们所提供的服务。"[1]

如果康吉兰 1956 年的报告可以被理解为:一种有

---

① Georges Canguilhem, «Qu'est-ce que la psychologie?», *op. cit.*, 第 376—377 页。

意将力求不可能"统一体"作为学科的心理学置于死地的行为,一种涉及到行为主义危险的警告,那么10年后,这篇报告将成为一场新战斗的武器,而其作者对此用法却并无准备。但无论如何,当《分析手册》(*Les Cahiers pour l'analyse*)杂志(由巴黎高师认识论小组出版)的负责人打算发表这篇文章的时候,康吉兰是同意的①。

[10年后的]这一天,在路易·阿尔都塞的推动下,乌尔姆街的学生要求对马克思著作进行重新解读,并从拉康的教导出发回到弗洛伊德的著作②。在他们眼里,问题从此在于建立一个反对唯灵论和反对所谓科学之观念论的理论阵线,用一门革命的**真正科学**与之对抗,这个真正科学建立在三重联合之上,即索绪尔的语言学、阿尔都塞的马克思主义和拉康的弗洛伊德学说。在这个形势下,倾向混乱的心理学则被视作服务于奴役和禁闭意识形态的假科学。从那时起,康吉兰的报告就被重新阐释

① *Les Cahiers pour l'analyse*, 2, mars-avril 1966.

② *Cf*. Élisabeth Roudinesco, *Histoire de la psychanalyse en France*, t. 2, *op. cit*.

为反对惩戒权力本质的前所未有的无情分析,此外,它还与福柯反精神病学的批判①同出一辙。

当然,康吉兰有机会的时候曾多次对我说起,他从未赞同过乌尔姆街的这一代阿尔都塞-拉康派激情。不过,这个反心理学的,更确切说是反心理学中最工具主义分支(行为主义)的造反倒并没有让他不愉快。实际上,起初他就认为他的报告肩负骑士责任,而现在他则乐于看到他的教诲硕果累累,尽管康吉兰本人既不是马克思主义者也不是拉康派。因为,抛开1956年原始文本与10年后人们所作解读之间的差异,这两个路径确实存在着某种连续性:它们都是在践行某种科学史概念,这种概念极端地反对将人化约为估价式阐释或机械阐释的所有形式。而且,必须说明的是,在1940年6月曾拒绝为贝当元帅服务的人,并不会对某些革命英雄主义的观念(这个标志着这整个一代人的观念)无动于衷,尽管康吉兰并不认为这些人是想要在辩证唯物主义或能指逻辑的基础上建立历史或主体性的任意一门“科学”。

①　关于这个问题,请参阅本书第三章。

康吉兰一直敌视教条主义和拉帮结伙。他太清楚结合拉康逻辑主义的阿尔都塞马克思主义将会走向的种种死路，这一点不会因为他们无论如何仰仗了他的思想而有所保留[①]。这也并不妨碍(正相反)康吉兰成为弗洛伊德著作的一个重要读者，而且就像同时代的萨特[②]，康吉兰还知道，弗洛伊德本人在何种程度上是一个与其自身在科学史中的表征相一致的学者：一个错误与真理平分秋色的学者，一个能够构建并非科学之理性方法(其对象从来就不能用科学话语来限定)的学者。

关于这一点，我们可以自问为什么康吉兰从未写过一篇关于弗洛伊德或精神分析的文章。也许他更喜欢以影射的方式来着手探讨这一主题，以便更好地与精神分析学派的行话保持距离。也许他认为扩张的弗洛伊德式话语，已经在其科学性自负中、在其对知识的其他领域强加自身法则的野心中，与心理学一样殊途同归。

————————————

① "对我来说，鉴于时间顺序和职业的理由，拉康主义凭借与阿尔都塞主义的联合，保有一种侵入哲学的力量。但结果并没有达到无论如何本身毫无不合理性的抱负之高度。"(乔治·康吉兰致伊丽莎白·卢迪内斯库的信，1993年9月28日)

② 关于这个问题，请参阅本书第二章。

不管是什么原因，在面对行为和评价上的所谓科学时，康吉兰从未放松警惕。1980 年，在索邦的大阶梯教室里，面对上千热情听众①，康吉兰做了一个关于大脑与思想的报告，他通过隐蔽地捍卫弗洛伊德之发现的策略，恢复了 1956 年的争论②。这一天，康吉兰在向福柯致敬的同时，不满足于只是把心理学确定为不严格的哲学、无要求的伦理学以及失控的医学，他认为心理学与现时代的野蛮相似，因为心理学声称以生物学和脑部照相术为依据，而断言思想只是脑的分泌作用，心理学因而变得更加危险和让人不安。

　　康吉兰没有提及在 1981 年的法国已经非常普及的术语"认知主义"（cognitivisme）③，但他抨击了构建认知理想模式的信仰，即在精神状态能够与神经状态建立关

---

　　① 在与康吉兰私人会面之前，我就是这些热情听众之一。

　　② Georges Canguilhem, « Le cerveau et la pensée », in *Georges Canguilhem, philosophe et historien des sciences. Actes du colloquedes 6—8 décembre* 1990，第 11—33 页。

　　③ 认知心理学（或认知主义）是一种大脑神话，它依赖于将大脑与思想划等号的观念，而这种心理学本身就是建立在大脑和电脑功能的类比基础上。认知-行为治疗（TCC）就是从这些理论中分化而来，它由身体矫正、劝说技术和意识调节混合而成。

联的观念下建立心灵科学的自负。他还极有兴致地揭露了所有从皮亚杰（Piaget）到乔姆斯基（Chomsky）的那些梦想将思想造就为空洞场所的人，这些人想象着机器将有能力写作《追忆似水年华》（*À la recherche du temps perdu*），康吉兰说："我坚决不会处理这样一个问题，这个问题从逻辑上会导致去自问这样一种可能性，即有一天，我们是否会在书店的橱窗上看到这样一本书：《一部电脑的自传》（*L'Autobiographie d'un ordinateur*）——如果说我们看到一部电脑的《自我批判》（*Autocritique*）这样的书是不可能的。"①

如果说这个抨击与1956年的报告一样猛烈，那么这次它有更多的政治意味，因为这个抨击考虑的是心理学的技术压迫。换句话说，康吉兰并不是在指责临床心理学家——即丹尼尔·拉加什的继承者，康吉兰对他们感到非常不安——，康吉兰的指责并不是朝向一般意义上的心理学，而是心理学的一个分支，即以心灵科学为借口

① Georges Canguilhem, «Le cerveau et la pensée», *op. cit.*, 第24页。

声称附属于某种纯粹器官发生学的心理学。因此,他求助于雅内,以便更好地为弗洛伊德辩护。

康吉兰引用了一段法国心理学家的文字,这段文字涉及作为人之科学的心理学被纳入大脑学说的神话,并提出了避免这种情况的必要性。康吉兰通过这段文字提醒人们:反传统的精神病学家突显出精神药理学(以为仅仅在脑部采取措施就可以根除疯狂)的绝境不是没有道理的。康吉兰补充道,只有弗洛伊德懂得脱离给予精神局部药意义的类型学和定位学幻想。

这次康吉兰表现得比之前更为极端,他毫不犹豫地正式警告未来的一代人,要反对某种心理学的"永久灾难",因为这种心理学只顾着扩大思想收益,却对这种力量的意义毫不忧心。康吉兰重提了在乔安·德·维德①被暗杀后,斯宾诺莎为了谴责这些*最后的野蛮人*(*Ultimi barbarorum*),离开了他的自留地和家园;80 年代的康吉兰请求他的听众回忆一下 1940 年 6 月的康吉兰以及卡瓦

_____

① Johan De Witt(1625—1672),荷兰首相,1672 年在海牙被有组织的闹事者暗杀。

耶的英勇牺牲。康吉兰将自己认作无主体哲学的奠基人,这个哲学以哲学统一体的名义联合良好意志(在这里联合着笛卡尔主义者和斯宾诺莎主义者——也就是意识哲学的拥护者和敌人,更或是概念哲学和介入哲学的拥护者和敌人),去一起反对心理学最破坏自由的分支,康吉兰说:"初看来,我们可能认为斯宾诺莎犯了一个错误,即相信他所公开揭露的野蛮人是最后的野蛮人。但斯宾诺莎是懂拉丁语的,他想要说的是:最近的,在日期上最后的。因此,今天的哲学家,不管他的研究路线是什么,斯宾诺莎主义或笛卡尔主义,肯定都不会缺少这样的机会或理由,即冒着危险,以受大脑控制的介入行为,在墙壁、堡垒或围栏上写下:**最后的野蛮人**(*Ultimi barbarorum*)。"①

在今天,当我们知道这个野蛮人的继承者们援引生物学、神经元或大脑的理由来"解释"性别与种族的所谓内在差异,从而重新创造我们以为已经废除了的歧视,我们感到康吉兰的号召比以往更值得让人们熟

---

① Georges Canguilhem, «Le cerveau et la pensée», *op. cit.*, 第32页。

知①。实际上,没有什么比这个英雄主义哲学更现代,它懂得在同一时刻、同一运动中将最高的概念反思与最强有力的政治参与结合起来。

乔治·康吉兰不喜欢谈论他的阿兰时期、他的抵抗运动以及他自己,但他总是向能够唤起抵抗运动精神的斗争致敬。当我 1988 年建议他(在很多次建议以后)以他关于卡瓦耶的记叙为模型,写一本关于他自己历程的书时,他用下面这些话回答了我:"我还是认为不应由我来评论我所说、所写或所做的事情。我还是认为我的某些过去的同事(我对他们还记忆犹新)不去自己'表现'自己并只是让他们的著作说话,这才是他们能够有所收获的地方。我不喜欢'向您致敬的学术研讨会',不喜欢电视采访。我不喜欢人们做关于自我的陈述。"②

① 关于对这些概念的批判,参见:Catherine Vidal et Dorothée Benoit-Browaeys, *Cerveau, sexe et pouvoir*, Paris, Belin, 2005. 由莫里斯·古德利尔(Maurice Godelier)作序。

② 乔治·康吉兰致伊丽莎白·卢迪内斯库的信,1988 年 10 月 7日。

第二章

让·保罗·萨特:多瑙河绿荫
堤岸上的精神分析

在第二次世界大战前夕，让-保罗·萨特已经出版了《恶心》一书，这是 20 世纪重要小说之一。在该书中，通过安托万·罗冈丹（Antoine Roquentin）的行为，叙述了一个人不凡的主体经历，即从这个人的深刻忧郁，展现出一个正在瓦解的世界。

萨特在柏林停留并旁观了纳粹的胜利后，似乎要在沉入某个失控叙述者的自我分析形式之下，表达从当时现象学重要文本（从胡塞尔到海德格尔）中读来的形而上学真理。在面对"死亡应该证明活着无罪"这种观念的过程中，罗冈丹认识到，他所感到的恶心不是别的，正是存在本身；一种既没有先在性亦没有本质的存在。因此他一点点忘却他的过往，以沉溺于丧失意义并由"好人的无情"构成的当下——这些人仪式化的行为产生的效果，就是将他推到他无法找到任何缘由的荒唐骤变之边缘①。

1937年，这本小说已经写就，但尚未出版，因为萨特害怕不能获得美誉，他后来说："32岁了，我像所有人一样感到老了。我曾期望的伟人生活离我是多么的遥远。在市面上，我对我所写的东西并不是太满意，此外，我又很希望出版。我想起在22岁时，我曾在小本子上记下了特普费尔②这句打动我心的话：'那些没有在28岁成名的人，应该永远放弃荣耀。'"③

不过，当战争爆发时，萨特成为作家，要不也被认为是作家，至少是孕育着伟大未来作品的人。与康吉兰相反，萨特认为进步观念是无意义的，他朝向某种整体的和平主义演变，这使他对慕尼黑妥协所带有的政治意味视

---

① Jean-Paul Sartre, *La Nausée*, Paris, Gallimard, 1938.

② Rodolphe Töpffer(1799—1846)，瑞士教育家、作家、政治家和漫画家，并被认为是漫画艺术的第一位理论家。——译注

③ Jean-Paul Sartre, *Carnets de la drôle de guerre. Novembre 1939—mars 1940*, Paris, Gallimard, 1983, 第100页。

而不见:"我被慕尼黑和反慕尼黑困住了,我必须承认,我在此前从未有过既非慕尼黑亦不是反慕尼黑的理智勇气。慕尼黑让我厌恶,因为他们都是资产阶级并且懦弱,担心他们的性命、资产或资本主义。但反慕尼黑者又让人恐惧,因为他们想要战争。"[①]

这个年代的萨特,正如罗冈丹,排斥任何形式的真实参与。因而,在他眼里不存在任何英雄主义哲学,因为唯一可接受的态度就在于既非此亦非彼,既不在懦弱者一边,亦不在战斗者一边。因此他还是接受动员,然后囚禁,好像这是一种天命;而并不是在经历了囚禁之后,他才开始清楚地认识到投入战斗的必要。但是,萨特从未做出过康吉兰所描述的卡瓦耶的那种决定,即一个知识分子可以为自由去死,哪怕代价是放弃其未来著作。

当然,一回到巴黎,萨特就明白了任何中立都是不可能的。这也是为什么,在1941年夏,他与波伏娃和其他几个人组建了社会主义和自由小组,打算抵抗维希政府

---

① 转引自: Michel Winock, « Sartre s'est-il toujours trompé? », *L'Histoire*, 295, février 2005,第35页。

和纳粹，但这个小组只是昙花一现。实际上，在整个占领时期，萨特都没有停止写作和出版，一直与抵抗运动作家保持着联系，尤其是进行秘密活动的《法国文学》(*Lettres françaises*)的作家们。

正是萨特在整个战争期间所经历的自由与奴役之辩证，使萨特转变为投入战斗的哲学家，如西蒙娜·德·波伏娃在她关于对女性认同的发现中所见证的："现在我知道，是犹太人还是雅利安人并不是无关紧要；但我没想到还有一个女性的条件。突然，我碰到大量年过四十的女性，不管她们的机会和优势如何多种多样，她们都有一个共同的经验：她们经历的是*相对性的存在*。"①

同样的，萨特意识到自己被俘的(或是相对性的)主体处境，因此，在被占领期间，他通过不同的写作(《存在与虚无》就是其中之一)，发展出了一种和平主义，他开始以此质疑那些真正投入战斗的行动(这些行动只能以战争终结得以实现)。在一篇著名的文章《沉默的共和国》

---

① Simone de Beauvoir, *La Force de l'âge* (1960), Paris, Gallimard, coll. «Folio», 1991, 第 654 页。

(La République du silence)发表之时，萨特与自由哲学进行了一场对话。在这篇文章中，萨特写下了这些矛盾的句子："我们在德国占领期间是最自由的。我们失去了我们的权利，而首当其冲的就是说话的权利：每天有人当面羞辱我们，有人把我们作为劳动者、犹太人、政治囚犯，大量押往集中营，在墙上、报纸上和银幕上，到处都有这个压迫者想要给予我们的我们那肮脏乏味的面孔：因为这一切，我们是自由的……因此，自由问题本身被提出来，我们处于人对自身所能具有之最深刻认知的边缘。因为人的秘密，不是其俄狄浦斯情节或劣等情节，而是其自由的界限，是其抵抗痛苦和死亡的力量。"①

在向所有与他相反、去真正进行抵抗的人致敬的同时，萨特在这里进行着某种（正如康吉兰以另一种方式所做的）对人的心理化，这种心理化是通过如此污名化的俄狄浦斯情节归结来的。萨特大体上是这样说的，抵抗行为总是相关于将人之条件极端地赤裸化，正是以此为

---

① Jean-Paul Sartre, « La République du silence », *Situations III*, Paris, Gallimard, 1949, 第 11 页。

基础(自流亡、残暴、拷打和不能忍受之事之后)，每个主体才能够正视不需要任何心理学"解释"的自由的一般概念。也就是说，选择英勇牺牲不表明任何有意识的决定，而更是面对恐怖之时的一种自我消灭。

在20世纪后半叶所标志的这一代人眼里，这个正好由未能或未曾想为自由而牺牲的人向牺牲者之光荣所宣告的辩护词，使萨特成为反纳粹之抵抗运动的先锋形象。没有任何欺骗能出其右！有时候，语词就在联结行动的点上，它们能够对集体欲望产生影响。关于这一点，1944年9月9日的这些萨特式"我们"将自己放在一个著名的讲话之上，而戴高乐1944年8月25日却是要用这个讲话终结国耻："巴黎！遭到侮辱的巴黎！破碎的巴黎！殉道的巴黎！但也是被解放的巴黎，被自己解放，被它自己的人民解放，与法国军队的协助一起，与整个法国、战斗的法国、唯一的法国之支持与协作一起……"①

萨特与戴高乐的命运在这个世纪的后半叶一直交错而

---

① 转引自：Jean Lacouture, *De Gaulle*, t. I, *Le Rebelle*, Paris, Seuil, 1984，第833页。

过,他们各自以各自的方式,体现了与抵抗精神紧密相连的价值。萨特在 1940 年至 1944 年间没有进行的斗争,他在阿尔及利亚战争期间完成了,他选择了反殖民主义战斗的一方。而戴高乐结束战争后,萨特仍然与之相对立,他通过 1968 年 5 月的学生运动来为戴高乐的政治失败增添重彩。

不过,如果萨特可以这样转向自由,正是因为他在被占领的最阴暗时期,面临着撰写 729 页的《存在与虚无》①。

在这本书问世的时候,战败法国的日常生活正遭受着深刻的痛苦,必然地处于期待之中。这种生活是在黑市的来去与绝对灾难旗帜下的羞辱之间展开的。只有萨特在 1944 年 9 月赞美的那几个人[抵抗者]还保有自由的滋味。但在那时,这种斗争没有别的前景,只有即将到来的死亡是确定的。敌人在伽吕尔②重创了抵抗运动的

---

① Jean-Paul Sartre, *L'Être et le Néant*, Paris, Gallimard, 1943。本章颇多得益于我与米歇尔·法瓦尔在准备他的电影《萨特反萨特或自我分析的哲学集(*Sartre contre Sartre ou le philosophe de l'autoanalyse*)》时所进行的交流。

② Caluire-et-Cuire, 位于里昂, 奥弗涅－罗纳河－阿尔卑斯区。——译注

灵魂。让·穆兰被交给盖世太保,并被折磨和杀害,他甚至没有时间完成秘密斗争首领的统一者任务。但是,在战场上,胜利也是光明正大的。在南方,同盟军靠近西西里;在北方,红军准备着猛烈进攻。

从这一点来说,萨特在德国现象学启发下所呈现的哲学巨著,揭示出战争世界对自由有多么饥渴。在萨特的视角中,如果这种对自由的饥渴始终是战斗的关键,即异化与存在意向性这两个敌对力量彼此对立的战斗之关键,那是因为这种对自由的饥渴失去了规范的控制,因为没有任何主体可以为这种对自由的饥渴选择承担完全的责任。尽管自由是意识最美的花饰,但这不妨碍自由被某种精神进程渗透,这种精神进程允许主体用顽固的"危险信仰"做挡箭牌。

在这里,萨特第一次表达了他对弗洛伊德之无意识的哲学立场,他也没有隐藏他所参照的文本。很明显,萨特阅读了1920至1940年间被译作法文的弗洛伊德的主要著作①,并且,还有对"梦"、"性"、"移情"、"冲动"、"压

---

① 尤其是:*L'Interprétation du rêve* (1900), Paris, *OC*, IV, Paris, PUF, 2003 ; *Psychopathologie de la vie quotidienne* (1901), Paris, (转下页注)

抑"、"口误"和"俄狄浦斯情节"这些领域的广泛了解。

我们知道,弗洛伊德"无意识"概念的发展经历了两个相继的心理结构理论。第一个理论建构于 20 世纪初,包括三个系统:无意识、审查和压抑场所、前意识和意识。后两个系统形成了一个叫做"意识一般系统"的结构,这个系统只为人类进程提供了一个不完全的视域。第二个理论是在 1920 年取得的进展,它在第一个理论的基础上进行叠加,通过强调无意识的优先性而对第一个理论有所纠正。这第二个理论包含本我、冲动点、自我、表征场所和超我(有评判自我的角色)。

萨特《存在与虚无》第一部分第二章评论了这两个弗洛伊德式心理功能系统,但并没有探究弗洛伊德概念在 20 年的间隔中发生了怎样的改变。萨特并不关心这样的问题,因为在他眼里,弗洛伊德的"无意识"是一个无用

(接上页注)Gallimard, 1997; *Sur la psychanalyse. Cinqconférences* (1910), Paris, Gallimard, 1991; *Conférences d'introduction à la psychanalyse* (1916—1917), Paris, Gallimard, 1999; *Métapsychologie* (1915), *OC*, XIII,Paris, PUF, 1988; *Au – delà du principe de plaisir*, *op. cit.*; *Psychologie de masse et analyse du moi* (1921), *OC*, XVI, Paris, PUF, 1991; *Le Moi et le ça*, *ibid*.

的概念,无论如何,对于思考支配整个人类存在的秘密意向性来说,这个概念过于机械化、过于生物学。因此,萨特以"自欺"(mauvaise foi)概念取而代之。这个概念与意识概念融为一体,能够定义某种矛盾情绪的病理学,这种病理学所描述的是:主体被迫在一个行为中兼具某个观念以及对这个观念的否定,将超验与做作结合在一起。在同样的视角下,萨特拒斥所谓"经验的"精神分析(即弗洛伊德的精神分析),而倾向于所谓"存在的"精神分析。萨特指责前者否认辩证性,并以个体的原始感性之名而否认自由的本质,即否认"某种在历史之前的初始之蜡"(une cire vierge avant l'histoire);而认为后者有取消无意识的能力,并断言在自由的原始涌现之前,什么都不存在。

因此我们看到,为反对弗洛伊德的设想,萨特没有诉诸法国反弗洛伊德主义的惯常作法。他不把关于性的理论看作是有着日耳曼起源的泛性主义,不在皮埃尔·雅内式的潜意识范畴下思考无意识,最后,他也不认为精神分析与笛卡尔主义假定不相容,不认为它们是理性主义"法兰西"理想与蒙昧主义"日耳曼"的对立。所以,萨特并不是在严格意义上否定弗洛伊德的无意识概念,而是对它进行某种学说上的扭曲,以便表明脱离主体意识的精神过程也是意识领域的一部分,不过,条件是在现象学①用语中思考这个无意识。由于萨特将意识作为一种意向性,并设想人是存在先于本质的,他就可能将建立在无意识广泛性基础上的心理功能系统替换为某种超验系统,这个超验系统可以将无意识现象转化为潜在的意识。从那时起,弗洛伊德的无意识概念就变得无用了,尽管在意识的收编下,这个无意识概念还保存着压抑和无知的种种形象。

在萨特之前,欧仁·明科诺夫斯基曾努力将弗洛伊德的论说与现象学结合起来,但在精神病学知识的视角下,这是徒劳的。随后,拉康也同样尝试过这个视角。但从1936年开始,除了加入大量现象学语汇之外,拉康已经在对弗洛伊德无意识理论的强调下选择了另一道路。这也是为什么在1943年,萨特成为第一个真正对弗洛伊德无意识理论进行现象学解读的法国理论家。这个无意识理论被纳入某种关于人类自由的哲学之中,这并不令

①　Edmund Husserl, *La Crise européenne et la Phénoménologie transcendantale*, *op. cit.*

人感到奇怪。因为正如米歇尔·福柯所指出的,从1929年开始,两种阐释胡塞尔现象学的可能性出现了:一种是从主体哲学的角度,即以萨特和梅洛·庞蒂为代表;另一种则重新开始了概念、知识和科学史哲学,即以科耶夫、康吉兰或卡瓦耶为代表①。在这两个演变之间,拉康的立场是矛盾的:根据他对无意识的非现象学改造,表明他选择了后者;但根据他对主体地位的顽固追问,又表明他与前者并未脱开干系,因此,他与萨特的论说也有交集。

正是在第二次世界大战之后,对马克思主义的发现转变了萨特对精神分析的看法,不过也并没有改变他对于弗洛伊德无意识理论之无用性的立场。萨特因此在这个维也纳学说中寻找一种能够让人从个体的各个方面理解个体的方法。他试图将弗洛伊德和马克思的解放学说(改变主体,改变社会)关联起来,以便阐释人类命运的历史主体性意味。因而在此意义上,萨特成了"弗洛伊德马克思主义者"。在一个名为《啮合》(*L'Engrenage*)的电影

① 关于这个问题,请参阅本书第一章。另外参照:Christian Jambet, «Ya-t-il une philosophie française?», in *Annales de philosophie*, vol. 10, publication de l'université Saint-Joseph, Beyrouth, 1989.

剧本中,萨特第一次解释了他的新设想:"要知道在一个国家的政治人物那里,公共和私人状态是如何结合的……将马克思主义和精神分析的分析类型结合起来,我们应该能够表明某个社会以及某个童年是如何造就一个人,使他能够以群体之名执掌和运用权力。"①

在萨特撰写这个电影剧本的时代,国际精神分析活动受到雅尔塔②瓜分的剧烈影响。在美国,弗洛伊德的学说受益于移民浪潮,获得了充分的扩张,但代价是融合到与其基础完全不相干的卫生保健理想之中。苏联的情况则相反,精神分析成为被猛烈攻击的对象,甚至最后几个精神分析师也从 1930 年消失殆尽,而且没有任何精神分析活动能再有诞生之机③。20 世纪 50 年代苏联的反

---

① Jean-Paul Sartre, *L'Engrenage* (1948), in *La P. respectueuse*, Paris, Gallimard, 1954, coll. «Livre de poche». 参见:Michel Contat et Michel Rybalka, *Les Écrits de Sartre*, Paris, Gallimard, 1970.

② 指 1945 年 2 月 4 日至 2 月 11 日之间,美(罗斯福)、英(丘吉尔)和苏联(斯大林)三个大国在黑海北部的克里木半岛的雅尔塔皇宫内举行的一次关于制定战后世界新秩序和列强利益分配问题的一次关键性的首脑会议,即雅尔塔会议。该会议决定由美、英、法、苏四国分区占领德国。——译注

③ Élisabeth Roudinesco, *Histoire de la psychanalyse*, t. 2, *op. cit.*, et, avec Michel Plon, *Dictionnaire de la psychanalyse* (1997), Paris, Fayard, 2000.

弗洛伊德主义还是反美帝主义的一种形式：与其说这是对 30 年代弗洛伊德理论的批判，不如说是反对人们通常所谓"美式精神分析"，也就是某种具有结合精神分析之美国形势特征的新弗洛伊德主义，这被共产主义者称为"服务于美帝国主义的反动意识形态"[①]。

由共产主义者支配的反弗洛伊德运动还因另一种态度变得更加猛烈，这就是国际精神病学-精神分析运动的态度，他们通过世界卫生组织力图强加这样一种观念：大独裁体系反映的是那些大独裁者的个人疯狂。在这个将政治现象进行心理化的范围内，人们很自然地将希特勒的歇斯底里和斯大林的妄想狂解释为两个极权政体的起源。在 1948 年伦敦举行的精神卫生大会上，执业医生们甚至建议将国家的政治人物都送去治疗，以便压缩他们的侵略本能、保护世界和平。

很明显，萨特将马克思主义与精神分析结合起来，与

①　法国第一个质疑苏维埃式废除精神分析的是路易·阿尔都塞。参见：«Freud et Lacan», in *Écrits sur la psychanalyse*, Paris, Stock/IMEC, 1993。这些文本是由 Olivier Corpet 和 François Matheron 搜集和呈现的。关于这个问题，请参阅本书第四章。

这个问题不无关系。但哲学家并没有进入顽固的两极化游戏，即以共产主义理性为名反对精神分析或以国家领袖的"健康"为名反对共产主义。萨特倾向于修改 20 世纪 30 年代以来弗洛伊德-马克思主义的批判功能，并将这种批判纳入其自身时代的问题中。

9 年后，在《方法问题》(*Questions de méthode*)①中，萨特给他的弗洛伊德-马克思主义赋予了哲学内容。存在主义此时被萨特理解为人类行动和创造性的解释性哲学。所以，人类命运的解决办法就来自对童年的系统性探索。但萨特在肯定返回源头的必要性同时，谴责心理生物学，他写道："在今天，只有精神分析才能够彻底地研究这个方法，儿童就是用这个方法在黑暗中摸索着扮演他并不理解的、成人强加给他的社会角色的……只有精神分析才允许重拾成人的整个人生，也就是不仅是人当下的决定性，还有其历史的分量。如果人们自认为这个学科与辩证唯物主义相对立，那就完全搞错了。当然，一

---

① Jean-Paul Sartre, *Questions de méthode* (1957), in *Critique de la raison dialectique*, t. I (1960), Paris, Gallimard, 1985,第 56 页。

些业余爱好者在西方建立了种种关于社会或**历史**的'分析'理论,这些理论事实上通向了唯心主义。人们有多少次不是在对罗伯斯庇尔进行精神分析呢? ……实际上,辩证唯物论者不再能够一直放弃这个具有优先性的媒介,后者使他们能够从一般和抽象的决定性走向单个个体的某些特征。精神分析没有原则,没有理论底线:如果它(在荣格和弗洛伊德的某些著作中)伴随着完全无害的神话学,这也是非常合理的。"①

因此,萨特在《存在与虚无》中开始对弗洛伊德进行解读之后,又进行了第二次解读。但为了回避精神分析的经验性和"无原则"特征,萨特的解读从此以转变为批判工具的马克思主义为依据。

但是,通过这种表面上严格的弗洛伊德-马克思主义方法,萨特一直寻求某种可以在他人的思想和认同中发现他自己之思想和认同的主体性。从那时起,萨特的方法,不管是存在主义的还是弗洛伊德-马克思主义的,都不再足以应对它想要解释的对象。事实上,萨特的方法时而像是某种

---

① Jean-Paul Sartre, *Questions de méthode*, *op. cit.*, 第 56 页。

学说上的超我，他要借此将精神分析作为借口，来向弗洛伊德主义否认弗洛伊德之发现的重要性；时而又像是某种*知识*（*Bildung*），是能够让他驯顺其阐释的真正对象。

关于这一点，萨特在精神分析和弗洛伊德之间所维持的冲突关系与他最后在福楼拜那里所建立的关系是同样的。甚至可以说，正是为了认识这位敢于说"包法利夫人就是我"的作家，萨特才从《存在与虚无》开始就想要发明一种精神分析，这种精神分析能够同时解释例外之人的自由和能指性的处境。

因此，这种存在主义精神分析不是指向过失、神经症和梦，而是指向成功行为、类型和思想。简言之，萨特想象了一种对自我意识的可能的精神分析，而他就是这种精神分析的创始之父，他写道："这种精神分析还没找到它的弗洛伊德，我们最多能在某些个别成功的传记中找到预感。我们希望可以试图在别处给出两个例子，即福楼拜和陀思妥耶夫斯基的例子。但这种精神分析存在的希望甚微：对我们来说，重要的是，它是可能的。"①

---

① Jean-Paul Sartre, *L'Être et le Néant*, op. cit., 第663页。

在这里,弗洛伊德和福楼拜具有完美的对称性。萨特宣称实际上只有在他成为摆脱了无意识的弗洛伊德之后,他才能够撰写关于福楼拜的伟大著作。也就是说,如果萨特要写一本关于福楼拜的书,在他看来,这得依赖于使他能够写这本书的方法的发明。而萨特认为,这个方法可以在战后对弗洛伊德-马克思主义的恢复中得以成熟。但很快,萨特就梦想在自己身上做实验,并决定撰写自传,他写道:"我想避免传奇甚至是无关紧要的轶事。这更会是一些回忆,相对于历史处境,这些回忆使用某种既是精神分析又是马克思主义方法的观察系统来定义我。对我来说,解释我为什么写作是很重要的……我想在这本几乎全部是我的著作中,解释何以我想要按照某种审美形式持续地写作,而从现在开始又在参与社会事件:我是怎么爆发的。"①

萨特的这个研究持续了10年。但在1957年4月至9月间,他同时开始撰写关于福楼拜的伟大著作,并为他

---

① 转引自:Michel Contat et Michel Rybalka, *Les Écrits de Sartre*, *op. cit.*, 第386页。

的存在主义哲学赋予弗洛伊德-马克思主义的内容。《方法问题》①作为《辩证理性批判》(*Critique de la raison dialectique*)的前言,实际上与促使《家庭傻瓜》(*L'Idiot de la famille*)②诞生的最初那些文章相吻合。这个时候,萨特似乎已经实现了他在《存在与虚无》中设计的梦想:成为精神分析中没有无意识理论的弗洛伊德,最终有能力在人之整体中了解人。

换句话说,他自称是"假"弗洛伊德主义者,以便发起一种阐释性方法。但这种在学说上的超我与知识(*Bildung*)的双重关系,既不能让他完成他的自传,也不能让他毫无保留地投入到关于福楼拜的研究之中。一切就像是从《存在与虚无》开始就设置好了那个学者,只是在让萨特式写作变得贫乏,好像需要让他以内爆的方式来同时"爆发"关于自我的写作和关于福楼拜的传记。

1958 年,电影艺术家约翰·休斯顿(John Huston)给

---

① 《方法问题》曾经首次以"存在主义与马克思主义"为名发表于《现时代》(*Les Temps modernes*)。

② Jean-Paul Sartre, *L'Idiot de la famille. Gustave Flaubert de* 1821 *à* 1857 (1971), 3 vol., Paris, Gallimard, 1988.

了萨特一个打破其自身系统的机会。当休斯顿向萨特提出写作一个关于弗洛伊德生活和著作的电影剧本时,好莱坞电影已经对维也纳的英雄业绩有所掌握,从而可以给出一个完全不同于构成美国精神分析共同体的表现。不过,这些美国电影艺术家与国际精神分析联合会(l'International Psychoanalytical Association, IPA①)的精神分析学家成员有一个共同点,就是他们都是来自老欧洲的移民②。

但背井离乡对他们产生的效果不尽相同。当精神治疗师选择融入美国健康体系(这个体系迫使他们追随某种医疗生涯并成为某种卫生工作理想的服务者③)之时,电影工作者则掌握了弗洛伊德的学说,能够将之转化为对**美式生活**(l'*American Way of Life*)的有力批判工具。由此,弗洛伊德主义就被工具化了,时而用于服务社会理

①　由弗洛伊德创建于 1910 年。

②　属于这种情况的尤其有:文森特·明奈利、伊利亚·卡赞、尼古拉·雷、阿尔弗莱德·希区柯克、查理·卓别林。

③　参见:Nathan Hale, *Freud et les Américains. L'implantation de la psychanalyse aux États-Unis* (Oxford, New York, 1971, 1995), Paris, Les empêcheurs de penser en rond, 2001.

想的利益,时而反过来用于批判这些理想的适应性偏差,或用来与欧洲精神分析的强烈气息关联起来。以此视角,伊莱亚·卡赞①在《天涯何处无芳草》(*La Fièvre dans le sang*)中,树立了一个 30 年代美国清教徒的骇人形象;同样,查理·卓别林在《舞台春秋》(*Limelight*)②中,呈现了一个陷入爱河的舞者,这个舞者的麻痹症被一个有着多瑙河风韵的小丑治愈了,卓别林借这个故事重现了他儿时的古老伦敦。

尽管休斯顿生于美国,但他赞同这种不满现实和怀乡的理想。对他来说,撰写弗洛伊德的自传就在于复活这个发现的原初时刻。这也是为什么在他想要批判美国精神病专家的官方精神分析时,他找到萨特,一个左派,一个关注自由的哲学家,一个疑似不会让人品味弗洛伊德圣徒传记的人。因此,休斯顿所梦想的弗洛伊德被转

①　Elia Kazan(1909—　　),生于土耳其伊斯坦布尔,美国导演、制作人、编剧、演员。1999 年获得奥斯卡终身成就奖。——译注

②　Elia Kazan, *La Fièvre dans le sang* (*Splendor in the Grass* , 1961),纳塔利·伍德饰演迪妮,华伦·比提饰演巴德。Charles Chaplin, *Limelight* (*Les Feux de la rampe* , 1952),查理·卓别林饰演卡尔费罗,克莱尔·布鲁姆饰演塞瑞拉·安布罗斯,杰拉丁·卓别林、迈克尔·卓别林和约瑟芬·卓别林饰演孩子们。

化为萨特式的英雄,极有可能在荧幕上成为一个现代科学的真正探险者,重叠着某种直接从《禁闭》(Huis clos)[①]之地狱中走出来的悲剧英雄类型。

1958 年末,萨特交给休斯顿一个 95 页的剧本大纲,这对休斯顿来说是一个具有紧凑掌控的剧本。几个月后,萨特又完成了一个新版本,对拍摄来说则太长了。然后,1959 年 10 月,萨特和阿莱特·埃尔卡伊[②]一起到电影艺术家位于爱尔兰的家中,以便与他一起制定出一个最终可实现的计划。这次会面变成了一场理智的角斗。两人既不能互相理解也不能互相尊重,既彼此相似又相互差异,他们彼此一直专横以对,直到产生最终的不和:一个是绝妙但不可能拍摄的剧本,一个是讨人喜欢但近半庸碌的电影[③]。

---

① Jean-Paul Sartre, *Huisclos* (1945), suivi de *Les Mouches*, Paris, Gallimard, coll. «Folio», 1976.

② Arlette ElKaïm(1935—),生于阿尔及利亚君士坦丁,1964 年成为萨特养女。——译注

③ John Huston, *Freud, passions secrètes* (*Freud, The Secret Passion*, 1962),蒙哥马利·克利夫特饰演弗洛伊德,苏珊娜·约克饰演茜茜丽,拉里·帕克斯饰演布罗伊尔,苏珊·柯娜饰演玛莎,费尔南德·勒杜饰演沙尔科。

休斯顿在萨特那里看到的是一个失去倾听能力的人,对这样的人来说,身体是不存在的,休斯顿写道:"他说话的时候,会记下他自己所说的话。不可能和他进行对话。不可能打断他。没有喘息的机会,他把我溺死在话语的激流之中……他个子小、矮壮并且极尽人之能丑,面孔既充满皱纹又浮肿虚胖,牙黄,而且还有斜视。他总是穿着灰色的西装、黑色的鞋子,并戴着领带,从一大早直到他睡去,西装都没有褶皱,衬衫也非常整洁;我一直不知道他是只有一件西装还是有很多件相同的西装。一天早上,他脸颊肿胀,有龋齿。我提议送他去都柏林。他拒绝了……他只喜欢做首发者,然后就去自己把病牙拔掉了。多一颗牙或少一颗牙对萨特来说不算什么。物理世界对他来说不存在。"①

至于萨特,他带着猎尸者的无情看待休斯顿的世界,他给西蒙娜·德·波伏娃的信中写道:"一个可悲的孤零零的伟大浪漫主义者游荡在一堆大同小异的事物之中,

---

① John Huston, *John Huston*, Paris, Pygmalion, 1982,第276—277页。

我们的朋友休斯顿非常空虚，完全不能与他所邀请的人对话……这里只有飘忽的意念。所有人都有他们自己的情结，从受虐狂到冷酷无情。但是不要认为我们是在地狱里，我们更像是在一个非常巨大的墓地。所有人带着冻僵的情结死去了……而这就是我的老板——伟大的休斯顿——的内心世界：坍塌的碎块、遗弃的房屋、荒芜的土地、沼泽以及人类存在的无数残迹。但人已经侨居国外。我不知道去了哪里。他甚至不觉得悲哀：除了在幼稚的虚荣时刻——穿上红色便礼服、上马(也上得不是很好)、清点公告牌和指挥工人的时候——，他是空白的。不可能让他保持注意力超过 5 分钟：他不再懂得工作，他逃避理性。"①

　　然而，萨特和休斯顿都同样选择在弗洛伊德生命的历史中有所作为。两人都想表现那个创建性的时刻，即一个学者完成那个使之成为一门新科学创始者之功绩的时刻。对于弗洛伊德来说，这一时刻就是：通过在他的病

---

　　①　Jean-Paul Sartre, *Lettres au castor*, t. 1, Paris, Gallimard, 1988, 第 358—360 页。

因学中重新引入性的问题,而赋予歇斯底里症以真正神经官能症的身份;而沙尔科①则为了将性的问题与装病区分开来,而将性的问题排除在外,目的是为了将这样的歇斯底里最终视作一种功能性疾病。这个对性的病因学揭示,引导弗洛伊德通过梦之阐释的开放道路以及对幻象和移情概念的发展,去发现脱离意识且非心理学的无意识。这一举动并不是一蹴而就的,通往真理的道路不断地遭受各种错误阴影的扰乱,萨特写道:"为了到达正确的观念,需要从解释错误观念开始,而这是一个漫长的过程……我们尝试去做的——这也尤其是让休斯顿感兴趣的——,不是弗洛伊德的理论已经闻名于世的时候,而是30年代,弗洛伊德完全搞错了的时候,是他的观念将他引向绝望的困境之时。"②

为了让他的英雄成形,萨特调用了他从撰写《存在与虚无》以来所获得的所有关于精神分析的文化素材。但

---

① Jean Martin Charcot(1825—1893),法国神经学家,现代神经病学的奠基人,被称为神经病学之父。最早阐明心理学与生理学关系的学者之一,主要著作为《论神经系统疾病讲义》。——译注

② « Entretien avec Kenneth Tynan », *Afrique Action*, 10 juillet 1961.

他也增加了三个以前不曾知晓的原始资料：1956 年出版的法文版弗洛伊德致威廉·弗利斯[①]书信（即《精神分析的诞生》〈*La Naissance de la psychanalyse*〉），同年出版的《歇斯底里研究》（*Études sur l'hystérie*）（包括约瑟夫·布罗伊尔[②]撰写的安娜·欧〈Anna O.〉的案例记叙），最后是欧内斯特·琼斯[③]用英文撰写的不朽传记中第一卷（米谢勒·维安〈Michèle Vian〉翻译和解读了其中的几章）[④]。通过这些著作，萨特了解到弗洛伊德与三位对其知识构成有重要作用之人物的复杂关系：特奥多尔·迈纳[⑤]、布

---

①　Wilhelm Fliess(1858—1928)，德国医生，耳鼻喉科专家。1887年通过约瑟夫·布罗伊尔与弗洛伊德相识，二人友谊持续了 15 年左右。——译注

②　Josef Breuer(1842—1952)，奥地利医生，1894 年当选维也纳科学院的通讯院士。因给一个女病人安娜·欧治疗歇斯底里症，而创造了让患者自己用言语表达幻觉的方法。1895 年，他与弗洛伊德合作出版了《歇斯底里研究》一书，后因观点不和结束了合作。——译注

③　Ernest Jones(1879—1958)，英国精神病学家和精神分析学家。1913 年在英国引入和创建了伦敦精神分析协会，是弗洛伊德第一本传记的作者。——译注

④　Sigmund Freud, *La Naissance de la psychanalyse* (Londres, 1950), édition expurgée, Paris, PUF, 1956; Josef Breuer, *Études sur l'hystérie* (Vienne, 1895), Paris, PUF, 1956. Ernest Jones, *La Vie et l'oeuvre de Sigmund Freud*, t. 1 (New York, 1953), Paris, PUF, 1958.

⑤　Theodor Meynert(1833—1892)，德国(奥地利)精神病学家、神经病理学家和解剖学家。——译注

罗伊尔和弗利斯。他还发现了安娜·欧的两个故事版本,一个是布罗伊尔的版本,尤其是琼斯提供的另一个版本,后者赋予这个歇斯底里的女人以精神分析运动史上的传奇地位①,还加入了弗洛伊德与马丁·沙尔科在萨尔佩特里埃医院(Salpêtrière)相遇的情节。

实际上,萨特将发生在 1885 年至 1908 年间的事件压缩为一个单一剧本,这里以概括的方式做以简介。弗洛伊德以沙尔科的论题为依据,试图向他的维也纳同行表明存在着男性歇斯底里症。这是一场根本性的思想斗争,因为从歇斯底里症被确立为与子宫继而与生殖器官无关的心理疾病开始,它就同样地侵袭男人和女人,尽管女人更好地表达了歇斯底里的症状。为了让歇斯底里症摆脱生殖基质,正如我们前面提到的,沙尔科避开了性的病因学。在维也纳,弗洛伊德尤其与他的精神病学老师、令人生畏的迈纳产生冲突,后者否认存在男性歇斯底里症,实际上拒绝接受沙尔科对歇斯底里症的

---

① 安娜·欧:真名贝尔塔·帕本海姆(Bertha Pappenheim, 1860—1938)。参见: Albrecht Hirschmüller, *Josef Breuer*(《约瑟夫·布罗伊尔》,伯恩,1978),巴黎,法国大学出版社,1991 年。

现代概念①。

不过,在这个将弗洛伊德引向无意识新概念的有关起源的重要传奇故事中,冲突并不能归结为简单的抽象争辩。这是有血有肉之人的对立,他们本身也遭受着他们所论症状之存在的痛苦。迈纳是一个古怪的人,爱说谎、酗酒且神经过敏,他因此非常清楚争论的关键所在,尽管他并不知道在科学史视野下此事的重要性。作为一个优秀的临床医生,他知道他自己的情况显示出歇斯底里症,因此,歇斯底里症完全可能成为男性疾病。但他发动反弗洛伊德的争斗,这对于一个科学家来说,不免是神经质或主观的。迈纳死前向弗洛伊德坦白他的"疾病"性质,并揭露了他自己掩饰的艺术②。

沙尔科为了给歇斯底里症以新的定义,而不得不远离生殖基质,但这并没有妨碍 19 世纪末的学者承认性的

① 关于这些事件的具体历史复原,参见:Henri F. Ellenberger, *Médecines de l'âme. Essais sur l'histoire de la folie et des guérisons psychiques*, Paris, Fayard, 1995;以及 Albrecht Hirschmüller, *Josef Breuer*, *op. cit.*

② 关于西奥多·梅奈的真实轨迹,参见:Henri F. Ellenberger, *Médecines de l'âme*, *op. cit.* Frank J. Sulloway, *Freud biologiste de l'esprit* (New York, 1979; Paris, 1981), Paris, Fayard, 1998,米歇尔·普隆 (Michel Plon)作序。

因素在神经症生成中的重要性。不过，没有人懂得将这个可以上溯至古代的假说*理论化*。只有弗洛伊德显示了跨出这一步的能力，将问题*整体*远远移出生殖性领地。最初，是对于一个名为贝尔塔·帕彭海姆（Bertha Pappenheim，由布罗伊尔根据所谓"宣泄法"进行治疗）的维也纳资产阶级年轻女孩的研究兴趣，使弗洛伊德确立了神经质的性起源。他随后将这个起源扩展到其他女性歇斯底里症的案例中。布罗伊尔并不同意弗洛伊德在这个领域的进展。其后，需要完成的工作更加令人震惊，因为这涉及到放弃显而易见的场景，去想象隐藏在具有欺骗性的明见性表象之后更为真实的实在。

1892 年至 1902 年间，弗洛伊德在与柏林医生威廉·弗利斯的接触中，完成了这一工作。在这一整个人们后来称之为弗洛伊德进行*自我分析*的关系中，弗洛伊德不断提出错误的假设。由于不满于仅仅提出和反驳那些错误的假设，弗洛伊德与弗利斯交换病人，用作他向真理杂乱前进的试验者①。

---

① Michel Schneider, *Blessures de mémoire*, Paris, Gallimard, 1980.

弗洛伊德纠正了沙尔科所教的内容后，承认神经症中性因是明显的。他说，有些主体在同年或个人历史中遭受了真实的创伤。在街上或在家中，孩子经常遭到成年人和家长在性上的诱惑、侵犯或利用。对这些创伤的记忆是如此痛苦，以至于他们都倾向于忘却或压抑。弗洛伊德听到维也纳女人给他讲述这样的故事后，满足于这些话语的显然之理，并构建了所谓"诱惑"理论的第一个压抑假设。他认为因为她们真的被引诱，这些歇斯底里的女人才患上神经障碍症。一下子，他斥责世界上所有的父亲心术不正，其中也包括他自己的父亲。

弗利斯并没有在这个方向上推进弗洛伊德，但弗利斯试图让弗洛伊德紧附于某个科学概念，即在这种科学概念中，总体的确定性在真的思辨中使错误和经验无所立足。弗利斯是神秘主义和器质主义性理论行家，他将鼻粘膜与生殖活动关联起来[1]，认为生命是以关联于人类构造之双性特征的周期性现象为条件的，并已经注意

---

① Wilhelm Fliess, *Les Relations entre le nez et les organes génitaux féminins selon leurs significations biologiques* (Vienne, 1897), Paris, Seuil, 1977.

到儿童在性上的同质多像性。弗洛伊德正是因为弗利斯的妄想狂式诱惑理论主导，才放弃了他自己关于诱惑的错误理论，以便朝一个可以考虑到其所面对之现实的科学概念发展①。

由于听从那些歇斯底里症患者的讲述，弗洛伊德撞上了一个不可能之点：并不是所有的父亲都是侵犯者，然而当那些歇斯底里症患者自称是性诱惑的受害者时，她们也并没有撒谎。必须提出一个假设，能够同时考虑到这两个相互矛盾的事实。弗洛伊德通过避开明显现象的方式做到了这一点。他发现了两件事：这些女人编造（既不是欺骗也不是假装）并没有发生（即便真的发生）的诱惑场景之时，她们并不能解释神经官能症的产生。为了能够解释这两个事实并对之有所认知，弗洛伊德用幻象理论代替了诱惑理论，开辟了一条建立在无意识基础上之心理实在的学说之路。

我们知道弗洛伊德同时代的人都曾想象过这个著名

① Chawki Azouri, «*J'ai réussi là où le paranoïaque échoue*», Paris, Denoël, 1990.

的"另一场景"的存在,但毫无疑问,弗洛伊德是第一个通过解除性因谜团来指出这一场景之作用的人:即便存在某个物质性创伤,这些性因素也是幻觉性的,因为幻象性现实与物质性现实的性质是不同的。当弗洛伊德完成这一步之时,他也摆脱了弗利斯的诱惑理论,别忘了,弗利斯当然也从来就不是诱惑理论专家。

1958年,萨特所能支配的只有不完全的资料来源。不仅弗洛伊德与弗利斯的书信曾经被继承者删改,以至于这些书信并没有表现出弗洛伊德所经历的可怕游移;而且琼斯对贝尔塔·帕彭海姆的评论也与历史事实完全不符①。但除了这些缺失以外,萨特的弗洛伊德还是相当逼真的,且比来自琼斯编年史中的弗洛伊德(威严和镇静的父亲)要更真实。萨特完全没有将他的英雄绑缚在心理传记类型的所谓线性命运之中,他在构造浮士德式

---

① 威廉·弗利斯(Wilhelm Fliess, 1858—1928)。关于这位极具色彩之学者的轨迹,参见:Franck J. Sulloway, *Freud biologiste de l'esprit*, *op. cit.* 而完整的弗洛伊德书信还没有法语版:*Briefe an Wilhelm Fliess*, 1887—1904, Francfort-sur-le-Main, Fischer, 1986. 关于贝尔塔·帕本海姆,参见:Albrecht Hirschmüller, *Josef Breuer*, *op. cit.* Et Henri F. Ellenberger, *Histoire de la découverte de l'inconscient* (New York, 1970; Lyon, 1974), Paris, Fayard, 1994.

学者人物的努力上是成功的,这样的人物同时在黑暗与光明之中,被欲望和性纠缠,反抗着已有的秩序。对于戏剧评论来说,怎能不让人想起贝托尔特·布雷希特①的伽利略?在科学史的视角下,又怎能不让人想起亚历山大·科耶夫的视角②?

萨特对其立场的荒诞性是有意识的。总是否认无意识之存在的萨特与无意识存在的发明者对峙着。这是典型的萨特处境,这个处境极好地描绘了这一见解:我们在反对他者的时候,在他者那里找到了我们自身所是。萨特的弗洛伊德因此就是萨特的反面:[弗洛伊德是]过着资产阶级生活的一家之主,婚后除了自己的妻子,从来不认识任何别的女人。这也许因为弗洛伊德的操守是朝向对人之性进行重新定义前进的条件。如果弗洛伊德与出现在他眼前的歇斯底里症患者有肉体关系,他就可能既不能将移情理论化,也不能理解诱惑假设的谬误。这是

---

① Bertolt Brecht(1898—1956),德国戏剧家、导演、戏剧批判家、小说和散文作家以及诗人,于1938—1939年流亡丹麦时,创作了戏剧《伽利略的生活》。——译注

② Alexandre Koyré, *Études d'histoire de la pensée scientifique* (1966), Paris, Gallimard, 1973.

弗洛伊德的学者天命。

　　萨特接受了这个显然之理。但他禁不住要为精神分析的创建者赋予一个萨特式的表达,他写道:"弗洛伊德是一个试图去认识他者的人,因为他看到那是他自我认识的唯一方式,并且意识到他应该进行对他者和自我的研究。"这是①很奇异的辩证式颠倒,因为我们知道,实际上弗洛伊德的步骤是完全相反的:弗洛伊德无法达到对他者的认识,他因此仅限于去发掘自身以便重新发现他者。真正的弗洛伊德并不是"哲学意义上的"萨特派,但这并不妨碍萨特去重构一个完全弗洛伊德式的弗洛伊德:比弗洛伊德在其《自画像》(*Selbstdarstellung*)②中想要表现的更为真实且更为严格。因为萨特拥有一个弗洛伊德所缺乏的工具:基于意识哲学的主体理论。仅这个理论本身,就能够通过心灵诡计坎坷不平的道路,让人物以从错误到真理缓慢前进的方式存在。

----

　　①　Jean-Paul Sartre, *Le Scénario Freud*, Paris, Gallimard, 1984. 让-贝尔特朗·蓬塔利作序。

　　②　Sigmund Freud, *Sigmund Freud présenté par lui-même* (Vienne, 1925), Paris, Gallimard, 1984.

与弗洛伊德相对，萨特创造了一个令人震惊的弗利斯，某种直接从托马斯·曼①的世界里冒出来的两次大战间的梅菲斯特形象。这个弗利斯形象就像是弗洛伊德的副本，他与弗洛伊德一样充满梦幻，是一个非常尼采主义的人物，似乎属于那种注定失败的学者类型：倾向于与模糊的力量缔结，而不是抛弃他们的错误假设。在萨特笔下，弗利斯成为弗洛伊德的海德先生②、冲动天使和悲惨意识。哲学家在这里也毫不犹豫地玩起了日耳曼文化中两个敌对点的对立游戏：一边是维也纳，萎靡、无忧无虑、爱慕虚荣和反犹的城市；另一边是柏林，自由派、对启蒙和进步保持开放的城市。这两个城市在这里表现为互相羡慕，就像弗洛伊德和弗利斯彼此羡慕一样。萨特的弗利斯形象充满普鲁士人的傲慢，在生殖问题上是极端的左派，某种超前的威廉·

---

① Thomas Mann(1875—1955)，德国作家，20世纪前半叶欧洲文学最杰出的人物之一。长篇小说《布登勃洛克一家》获得1929年诺贝尔文学奖。——译注

② 来自罗伯特·路易斯·史蒂文森的《化身博士》(*Strange Case of Dr Jekyll and Mr Hyde*)，体面绅士亨利·杰克博士喝了自己配制的药剂化身邪恶的海德先生的故事，后来"Jekyll and Hyde"一词成为心理学"双重人格"的代称。——译注

赖希①,怂恿弗洛伊德接受关于诱惑的错误理论,以免修改自己关于性的种种概念。这里我们可以想象《阿尔托纳的死囚》②(与电影剧本《弗洛伊德》〈Scénario Freud〉同时代的戏剧)中冯·格拉赫(von Gerlach)一家。弗利斯作为保健主义专家,被萨特从根本上表现为一个超我的形象,蔑视维也纳及其无序,总是寻求阻止弗洛伊德沉溺于他最喜欢的恶习:抽烟。

至于迈纳,则体现着萨特在《存在与虚无》中所宣告的那个自欺的热烈形象。这位著名的维也纳医生完全被自我欺骗打败,在其萨特版本中,他既像弗利斯一样过度,又像布罗伊尔一样循规蹈矩。另外,萨特还把他表现为典型的男性歇斯底里症患者,使这个人物时而显得卑

---

① Wilhelm Reich(1897—1957),维也纳心理学家、心理分析家。1928年加入奥地利共产党,以精神分析学家和共产党员的双重身份从事活动。在理论上企图把马克思主义与弗洛伊德主义结合起来,在实践上企图把政治革命、社会革命与心理革命、性革命结合起来。——译注

② Jean-Paul Sartre, Les Séquestrés d'Altona, Paris, Gallimard, 1960.萨特的五幕戏剧,1959年首次上演。萨特最初创作的目的是为了抗议法国军队对阿尔及利亚民族主义者的迫害;后来他把该剧的场景安置在战后的德国,在分析纳粹暴行和罪责的过程中,更全面地探讨了本世纪各种暴力的责任和实质。——译注

鄙下流,时而又讨人喜欢。

所有这些与人有关的事务,将具有强大反抗精神的弗洛伊德引向反对他的父亲,即引向发明俄狄浦斯情节——用萨特的术语来说,也就是从异化到自由。在这些事务中,一个重要的位置是属于女人的。首先,这里有妻子和母亲:阿马莉亚(Amalia),弗洛伊德的母亲;玛尔塔(Martha),弗洛伊德的妻子;玛蒂尔德(Mathilde),布罗伊尔的妻子。她们作为墨守成规的资产阶级,并没有被表现为可笑的人物,而是被制服、没有能力进入自由的女主人公。在萨特看来,她们因为受限于妻子之爱和母亲之爱,不能为她们也涉及其中的那些纠扰男人的理智冒险做任何贡献。她们也被排除在创造活动之外,排除在内在恐惧(这只是她们之异化的表达而已)受害者之外。与她们相对,萨特呈现了歇斯底里症女人(安娜·欧,又名塞西莉〈Cecily〉)绚烂的支配行为。

在剧本中,安娜·欧在自己身上领会到 19 世纪末女性状态的极端不幸。身体包裹着耻辱,话语被焦虑撕扯,面孔化缩减为对嚎叫的宣告,动作晦暗不明,狂乱摆动,然后麻痹,处于失聪状态:这是快感禁忌在女人身上所铭刻的毁灭。但当与术士缔结,萨特式的歇斯底里症患者就成为一个自由主体,以至于其身上的异化展示出集聚在一个个体疯狂之孤独中整个世界的疯狂。从而,一个个体神经症患者的创伤汇入到人类条件的普遍性之中,这让萨特式主体成为某种混杂的存在,半男半女,承载着欲望与反抗具体化的间歇形象。正是在这一界点上,萨特抓住了弗洛伊德的重点。

萨特想让玛丽莲·梦露扮演荧幕上的塞西莉。实际上,由她来与电影《弗洛伊德》中蒙哥马利·克利夫特(Montgomery Clift)来演对手戏将是非常出色的。况且,休斯顿在电影《乱点鸳鸯谱》(*The Misfits*)①中已经将他们结合在一起了。

在某些方面,玛丽莲·梦露与精神分析的关系可以成为某个电影的主题——这将成为她在——50年代美国社会中前途进展的主要话题——而不是去处理弗洛伊德主义起源历史的夜曲光芒。因为在休斯顿打算重现处

---

① John Huston, *Les Désaxés*, 1961. Scénario d'Arthur Miller. Marilyn Monroe 饰演 Roselyn Taber, Clark Gable 饰演 Cay Langland, Montgomery Clift 饰演 Perce Howland, Eli Wallach 饰演 Guido。

于存在主义疑虑和进入真理边界的弗洛伊德之时,正如我们已经强调过的,弗洛伊德的继承者们在移民美国之后,成为规范心理学的附庸,已经与萨特重塑的维也纳剧本中的伟大场景相去甚远。

从 1954 年开始,玛丽莲·梦露首先接受了精神分析师玛格丽特·霍恩伯格(Margaret Hohenberg)的分析,同时使用和滥用由不同医生不加限制发放的镇静剂和催眠药;3 年后,玛丽莲决定更换精神医生。那时她刚刚嫁给阿瑟·米勒①,而米勒自己也正在接受杰出的精神分析师鲁道夫·勒文施泰因②的治疗。在安娜·弗洛伊德③的建议下,玛丽莲接受了玛丽安娜·克里斯(Marianne

① Arthur Miller(1915—2005),美国剧作家。主要作品有戏剧《推销员之死》、《萨勒姆的女巫》等。与尤金·奥尼尔、田纳西·威廉斯并称为 20 世纪美国戏剧三大家。——译注

② Rudolph Loewenstein (1898—1876):美国精神病学家和精神分析师,生于波兰加利西亚,先是定居巴黎,而后去了美国。与汉斯·哈特曼、恩斯特·克里斯并称"自我心理学"流派的三大代表人物。

③ Anna Freud(1895—1982),心理学家,弗洛伊德与玛莎的第六个也是最小的孩子。她系统总结和扩展了其父对心理防卫机制的研究,对自我心理学的建立做出了重要的贡献。她也是用精神分析方法研究儿童发展的创始人之一,并较早应用游戏疗法,对儿童期和青春期的心理治疗技术的改进起过积极作用。——译注

Kris)的治疗。

根据克里斯的历史和家谱,她在某种程度上是精神分析的后裔,是休斯顿搬上荧幕之起源传奇的直接继承者。她的父亲奥斯卡·里(Oskar Rie)在维也纳曾是弗洛伊德玩塔罗牌时的搭档,她的母亲是艾达·邦迪(Ida Bondy)的姐姐,而艾达·邦迪则是布罗伊尔曾经的病人,弗利斯的妻子。玛丽安娜·克里斯先是去了伦敦,后来到纽约,50年代成为弗洛伊德主义官方历史文献的保管者。

虽然玛丽莲对休斯顿的提议非常感兴趣,但她无疑受克里斯的影响,拒绝扮演塞西莉一角。实际上,安娜·弗洛伊德反对这个拍摄计划,进而影响了她朋友①。玛丽安娜·克里斯在治疗玛丽莲·梦露的过程中举步维艰,显然没有能力正确驾驭这个治疗,她随后请求拉尔夫·格林森(Ralph Greenson,受教于奥托·费尼谢尔②,定居圣莫妮

---

① 玛丽莲·梦露将她的财产委托给她的精神分析师,以支持伦敦汉普斯特德儿童治疗诊所。

② Otto Fenichel(1897—1946),奥地利医生、精神分析师。1915—1916年参加过弗洛伊德的精神分析会议,被称为是第二代精神分析师。——译注

卡〈Santa Monica〉)在搬到好莱坞后接手对玛丽莲·梦露的治疗。格林森接受了这一请求,随后很快将玛丽莲交给他的一个同事以便获得注射性药方,他自己也毫不犹豫地给玛丽莲各种强剂量精神药物。格林森将玛丽莲诊断为"几近精神失常,偏执和精神分裂的瘾君子",他试图劝服玛丽莲放弃演员的抱负,放弃她的那些爱情关系。更糟糕的是,他建议玛丽莲雇佣尤妮斯·默里(Eunice Murray)作病护,而默里亲近"耶和华见证人"①宗教团体,很快就给玛丽莲进行了所谓的替代治疗。

这些精神分析师们对玛丽莲可能自杀的想法感到无计可施和惊恐万分,而玛丽莲则依赖着药物,顺从于各种精神分析师的压力,逐渐进入了一种灾难性的封闭状态,这最终导致了她的自杀。1962年8月,悲剧发生后两个月,安娜·弗洛伊德安慰陷于消沉中的格林森说:"我对玛丽莲·梦露一事感到极为抱歉。我完全知道你的感受……我们不断在她脑子里寻找可以采取的更好的办

① Témoins de Jéhovah, 19 世纪 70 年代由查尔斯·泰兹·罗素在美国发起的圣经信仰。教义主张和传统的基督宗教相比有诸多差异。——译注

法,而这只留下了失败的可怕感觉。但你要知道,在这里,我认为我们是被某个比我们更强大的事物打败了,相对于这个事物,精神分析及其所有力量则是一个过于孱弱的武器。当我在她的日记中读到,她曾辗转于 12 个收养家庭,这让我想起来了我们在临床诊试图治疗的集中营的孩子。"①

当我们今天想起好莱坞**明星体系**里这两个大明星(蒙哥马利·克利夫特和玛丽莲·梦露,两人都游荡在致死命运的纠缠下)的表演在银幕上所制造的独特印象,我们仍然感到:如果演员的精神分析师们对于阻止他们的死亡欲望无计可施,他们至少可以避免迷失在[弗洛伊德]官方历史的谜团中,避免对休斯顿电影计划的价值视而不见。

至于萨特,他不缺乏胆识,因为他敢于在混乱与多瑙河岸之间安放弗洛伊德放弃诱惑理论过程的场景。

在萨特的《弗洛伊德》剧本中,塞西莉在指控其父的

---

① 转引自:Marie-Magdeleine Lessana, *Marilyn*, *portrait d'une apparition*, Paris, Bayard, 2005,第 215 页;D. Spoto, *Marilyn*. *La biographie*, Paris, Presses de la Cité, 1993;Jean Garabé, «Marilyn Monroe et le président Schreber», *Confrontations psychiatriques*, 40, 1999.

侵犯行为之后,在维也纳街头游荡。她进入了某种混乱,而弗洛伊德则乘着敞篷马车来找她。正是这时,茜茜丽向弗洛伊德供认了她从儿时就开始压抑的真正回忆。塞西莉说,有一天,她在楼梯意外地遇到他的父亲正在拥抱她的家庭女教师。但在弗洛伊德(他仍然相信自己理论的有效性)的怀疑面前,塞西莉以跳河相威胁。就是在这个时候,弗洛伊德才真正转变,向塞西莉承认他的错误。这是剧本中当时的场景:

弗洛伊德:塞西莉,你从来没有想要污蔑你的父亲,是我迫使你这样做的。你已经尽你所能地抗拒了。

塞西莉:为什么你要强迫我这样做?

弗洛伊德:因为我搞错了。①

这个真实的放弃之"场景"的真正历史,可以在真实弗洛伊德与真实弗利斯的通信中找到。这个"场景"是通

---

① Jean-Paul Sartre, *Le Scénario Freud*, *op. cit.*, 第 355 页。

过书写发生的，不是在混乱与多瑙河之间，并且也不是直接来自女性情势的对抗。不过，男人对男人所做的理论供认，这种动作的激烈程度类似于萨特所想象场景的激烈程度，在夜宴中，一个男人向一个女人告白，这也以构造转移的方式，使男人从他的枷锁中解放出来。

这里是 1897 年 9 月 21 日所谓"分叉点"信件中（被弗洛伊德主义的历史学家无数次评论）的片段[①]："我不再相信我的神经症理论，这个理论如果不加解释的话就是无法理解的；你自己也会发现我对你所说的言之成理。因此，我要从头开始，并向你展示出现不再相信这种理论之动机的方式。首先，当我不断尝试将我的分析推进完善的时候，我遭遇的是反复的失望，那些极为适于这种处理的人逐渐消失，缺乏我所预期的全面成功，缺乏以其他方式、更简单的方式解释这些局部成功的可能性，所有这些构成了不再相信这种理论的第一组理由。然后我还惊奇地发现，在每个案例（包括我自己的案例）中，都必须指

---

① 参见: Élisabeth Roudinesco, *Pourquoi la psychanalyse?*, Paris, Fayard, 1999.

责父亲的败坏,歇斯底里症出人意料的频繁出现总是会重现同样的决定因素,而将朝向孩子的败坏行为如此普遍化似乎又不太可信……第三点,如果确信在无意识中不存在任何现实的迹象,那么就不可能将真实与情感虚构彼此区分开来……第四点,我观察到在最严重的精神病中,无意识的回忆是不会涌现出来的,以致少年时(哪怕最令人发狂的)之事变的秘密不会显露出来……保持客观,都在这里。我感到特别不满。永存的名望、殷实的财富、完全的独立、各种旅行和确保孩子免遭一切严重的焦虑,所有这些使我的少年时代难以承受,这就是我美好愿望所在。所有这一切都依赖于歇斯底里症理论的成败。现在我必须保持镇静,踞于平凡,节省精力,纠结于那些令人不安的事情,此时,我在文选中读到的一则故事映入脑海:'瑞贝卡,脱下你的裙子,你不再被资助。'"①

---

① 转引自:Jeffrey Moussaieff Masson dans Le Réel escamoté, Paris, Aubier, 1984. 在一封 1897 年 2 月 8 日的信中,弗洛伊德强调某些歇斯底里偏头痛的起源是这样的事实:有些女人在儿童时期被迫为成人口交,而这些成人当时抓住她们的"头保持不动和固定"。弗洛伊德解释说,正是对这个场景的回忆,随后导致了她们的偏头痛。弗洛伊德还补充说:"不幸的是,我的父亲就是这样一个败坏者,对我弟弟和妹妹的歇斯底里负有责任。这种场景的反复出现对我来说是一个问题。"

萨特 1958 年所能读到的这封信的版本，与琼斯关于这个主题所做的评论一样是不完整的。琼斯尤其忽略了弗洛伊德在其父①去世后 11 个月后对父亲进行指责的段落，以及整个最后一个部分，即弗洛伊德不无诙谐地坦呈，如果如实揭露他的错误理论，他所能憧憬的将是什么样的光荣处境。但是，萨特以几近过度的方式重塑了事实。萨特极好地利用了时间表(弗洛伊德的父亲雅克布〈Jakob〉在弗洛伊德放弃诱惑理论之前去世)，描绘出一幅这样的景象：弗洛伊德放弃错误理论(还负担着对诱惑理论的著名怀疑)的时候已经太晚了，他已经没有时间与他的父亲握手言和。那么对弗洛伊德来说只有一个"弗洛伊德式的"解决办法：用父亲身份的象征形象进行身后和解，即用这个形象来发展出一个超我的概念。

　　换句话说，在《弗洛伊德》剧本中，萨特逆己而行，打出了弗洛伊德式弗洛伊德这张牌，以便更好地说明：在萨特看来，这样一个形象以及这样一个概念是不可接受的。

---

　　①　Jakob Freud(1815—1896)。

也许是因为萨特构造了这个严格符合弗洛伊德主义历史现实的弗洛伊德，他也将自己从存在主义的弗洛伊德-马克思主义在学说上的超我中解放出来，这个萨特在学说上的超我束缚了他的写作、他的自传以及他关于福楼拜伟大著作的完成。

从那时起，萨特的自我解放在《语词》(Les Mots)中得以充分发展，他在对一个反对父亲的讲述者所进行的晦暗抨击中，完全抄袭了弗洛伊德放弃诱惑理论的举动。但这没有使这位讲述者与过世父亲的象征形象和解，却使他走向了极端的反弗洛伊德主义——这种极端的反弗洛伊德主义以拒绝超我及其理论的方式，完全与萨特哲学的主要论题相融合：自由是通过拒绝道德法则并消除他者中自我的方式获得的，"让-巴蒂斯特(Jean-Baptiste)的死是我生命中的重大事件：这个死把我的母亲还给她的枷锁，把我还给自由。不存在好父亲，这是法则；不要对人不满，而要对那腐朽的亲属关系不满。生孩子，没有比这更好的事情了；但拥有一个孩子，这太不公平了！我父亲整个横亘在我之上并使我不堪重负，这是事实。幸运的是，他英年早逝；在背着安喀塞斯的埃涅阿斯们

(Énées)①中间，我从河岸的一边走到另一边，独自一人，并憎恶在整个生命中跨坐在儿子身上的这些不可见的父亲；我在我身后留下了这个还没来得及成为我父亲的年轻死者，而他今天都可以做我儿子了。这是恶还是善？我不知道，但我乐意赞同一位著名精神分析师的判决：我没有超我。"②

首先是《恶心》，然后是《语词》，最后是电影剧本《弗洛伊德》，对这些著作的阅读清楚地表明，如果说萨特懂得将概念哲学与主体哲学结合起来，他此外还懂得把概念变成小说——如果只以纯粹哲学著作来表述这个概念，这个概念永远也无法达到如此白炽的状态。但也许这需要萨特也是一个哲学家，才能够在小说著作中迸发出这些深刻的困扰，这些永远也不可能只是某个思想体系之纯粹阐明的深刻困扰，萨特在《语词》中写道："我曾经是罗冈丹，我毫不客气地在他身上展现了我生命的框

---

① 古希腊神话中维纳斯女神与凡人安喀塞斯所生的孩子，特洛伊战争中的英雄。在维吉尔叙事史诗《埃涅阿斯纪》中是主角。——译注

② Jean-Paul Sartre, *Les Mots*, Paris, Gallimard, coll. « Folio », 1964, 第 19 页。让·伯特兰·彭塔利斯是著名的精神分析师。

架;同时，我是我自己，被选为种种地狱的年表编撰者……我是伪造入骨的被蒙蔽者，我愉快地写下了我们可悲的状态。我是独断论者，即我怀疑一切，除了我是怀疑的选民;我用一只手重建另一只手摧毁的事物，我惴惴不安以便保障我的安全。我是幸福的。"①

以此来看，这个矛盾的、让人不安的自传是20世纪文学的巅峰之一。它实际上打破了内在叙事或我们今天所谓"自传体小说"的修辞。这个文本以精炼和几近神秘的风格，完全用过去式撰写，就好像叙述者从他浸蘸笔尖的地狱，或者从他献给罪尸示众场的童年，来看着自己出生、生活和死亡;因此，这个文本铭刻在读者的无意识之中，让某种能指的交响以一种奇怪和近乎吸血鬼的方式穿透读者，令读者颤抖。

萨特的《语词》，在某种程度上是回忆的碎片，或是书本的片段，它们将每个主体扔给对这个主体与自身以及世界所能拥有之关系的意识之中。在这个意义上，通过这个不停中断的对主体性的追寻，这个萨特式的自传，摆

---

① Jean-Paul Sartre, *Les Mots*, *op. cit.*, 第209—210页。

脱了所有浪漫的浸渍,似乎要让人把它误解为某种拥有起源梦想、语言命运和叙事性支撑之虚无的弗洛伊德式奥德赛。它还是第一人称叙事的典范。这也是为什么几乎所有人在读过这本书后,都会屈服于这样的欲望:书写自我——这个被无限重复的题材。

"大师童年"①令人震惊的突然转向,难以置信的解忧法!正如萨特的许多设想,电影剧本《弗洛伊德》并没有完成。首先,因为萨特和休斯顿一直不能在作品上达成共识。其次,因为文本存在多个版本以及各式各样未曾发表的草稿。最后,尤其是因为萨特将自己的名字从电影片头字幕中抽离,想要看到这个没完没了的作品成为失败之作,恰好为其不足再添上一笔。对于这个问题,"你有首先为了赚钱而写的著作吗?"萨特回答:"有。至少我看到有一个。这就是我为休斯顿写的电影剧本《弗洛伊德》。我那时正好发现我没钱了。我想正是在这里,我母亲给了我 1200 万法郎来缴纳税款。税款交清了,我不欠任何人了,但我也没钱了。正在这时,有人跟我说休

---

① Jean-Paul Sartre, *Le Mur*, Paris, Gallimard, 1939 年。

斯顿想见我。一天早上他来跟我说:'我建议您写一部关于弗洛伊德的电影剧本,我付您 2500 万法郎。'我说好,于是我收到 2500 万法郎。"[1]

从精神分析史的角度来看,萨特式的解忧法有将弗洛伊德的行业去神圣化的效果。在这部电影剧本撰写之后 20 年以及萨特诞辰 100 年再来读这个剧本,我们可以看到这个文本(不幸是以遗著出版)在何种程度上从官方历史的反复枷锁中解放了真正的弗洛伊德。如有必要,这可以用以下奇妙场景来见证:萨特让他的英雄面对歇斯底里女人之欲望、面对进行违抗的萨特式魔鬼,以此我们可以最终了解到弗洛伊德为了更为强烈的欲望——澄清欲望的性起因——而放弃性欲望的时刻。对于弗洛伊德从错误到真理的过渡中所采取的行动,维也纳传奇故事的评论家中没有任何人曾这样成功地赋予了它情欲色彩。

弗洛伊德的这一理论行动打开了现代思想的无意识

---

① Jean-Paul Sartre, « Autoportrait à soixante-dix ans », *Situations X*, Paris, Gallimard, 1976.

领域,萨特选择去表现这一时刻,这与《存在与虚无》以及《方法问题》中宣称的主题(即精神分析既没有原则也没有理论基础)背道而驰。可以说,通过这样一个如此逼真的弗洛伊德,萨特部分地放弃了他过去反弗洛伊德的哲学选择,以便将一个概念性时刻与一个主体性自由的行动关联起来。但也只是部分地关联,因为这个放弃将他引向了一个更为极端的反弗洛伊德主义,在那里,只有脱离所有超我形式的自由和创造性主体的涌现才是重要的。由此,每当他遇到精神分析的问题,他的言论和行为都好像是写作电影剧本《弗洛伊德》这件事从未发生过一样,就好像弗洛伊德的概念性时刻从未与标志着主体性自由的萨特行动有所交汇。

1963 年,在一封写给罗纳德·莱恩①和大卫·库伯②

① Ronald David Laing(1927—1989),苏格兰精神病学家。他在严肃的精神机能障碍的起因和治疗上的理论受到存在主义哲学的影响。尽管他拒绝"反精神病学"的标签,但他积极参与反精神病学运动,在政治上是新左派思想家。——译注

② David Cooper(1931—1986),生于南非的精神病学家,著名的反精神病学运动理论家。1965 年与罗纳德·莱恩一起创建了致力于理解和减轻精神痛苦的"友爱德尔菲协会(Philadelphia Association)",1970 年因为该协会的唯灵论兴趣高于政治而离开该协会。他 1967 年创造了"反精神病学"这一术语,1971 年著有《精神病学与反精神病学》。——译注

（他们刚刚写了一本关于萨特的研究①）的信中，萨特赞扬了在精神疾病上采取存在主义路径的优点，他说，存在主义是唯一一个能够将精神病学人性化的哲学。萨特没有提弗洛伊德的名字，但他就像在《存在与虚无》的最辉煌时刻那样批判精神分析的实证主义。3年后，在一场与所谓"结构主义"的激烈交锋中，他又举起他存在主义的弗洛伊德-马克思主义火把。一开始，他认为拉康的说法"无意识是他者的话语"澄清了弗洛伊德的概念，在此范围内，他采纳了这个说法。但他很快又放弃了这个说法的概念价值，并在意向性和自欺的术语中看待这个说法，萨特说道："在这些条件下——甚至在我赞同拉康的范围内——，必须将意向性作为根本。没有无意向性的精神过程，也没有不被语言下套、背叛和偏离的精神过程；但反之亦然，这些背叛构成了我们的深度，而我们则是这些背叛的同谋。"②

---

① Ronald Laing et David Cooper, *Raison et violence*, Paris, Payot, 1963.

② Jean-Paul Sartre, « Entretien sur l'anthropologie », *Cahiers de philosophie*, 2—3, février 1966, 第87—96页。

随后,萨特公开向这个论战让步,并思想混乱地谴责说:福柯、阿尔都塞和拉康共同商量好了,以结构的名义拒绝历史、以去主体中心的名义抛弃主体。不过,他又要将那些他眼里真正的结构专家克洛德·列维-斯特劳斯、埃米尔·邦维尼斯特①和费迪南·德·索绪尔从地狱里拯救出来。如果说萨特在这种情况下忘了引用乔治·迪梅奇②,但他还是在拉康那里看出了对弗洛伊德的真正忠实。萨特这里的方法与《存在与虚无》中的方法相同,但原来指向的是弗洛伊德精神分析之罪恶,1966年则指向了结构。为了反对结构,萨特以冗长的方式投入了马克思主义式的战斗,展现了电影剧本《弗洛伊德》中的两个极端形象:弗里斯的极端左派和迈纳的自欺。

《录音机里的人》(*L'Homme au magnétophone*)这个情节切入了同样的轨迹。我们知道这个手稿受《阿尔

---

① Émile Benveniste(1902—1976),法国博物学家,在印欧语系的比较语法领域和一般语言学领域都有显著成就。——译注

② Georges Dumézil(1898—1986),法国语言学家、历史学家和人类学家。他关于印欧社会和宗教方面的工作,一直是深入研究和争议的焦点,打开了人文研究者的新视域。——译注

托纳的死囚》启发的故事，它刊登在 1969 年《现时代》（ *Les Temps modernes* ）杂志上。这份资料自称是一个精神分析场景的录音稿，将一个反抗治疗师的病人置入其中，并让他知道录音机的存在。尽管萨特的两个朋友让·贝特兰·蓬塔利斯[①]和贝尔纳·潘戈[②]相互对立，萨特则决定置身其外，强调他要清楚地阐释闯入精神分析诊所的主体，从而颠覆从主体到客体过于单一的关系："我不是精神分析的假朋友，而是其批判道路上的伙伴。我一点也不想——况且也绝无办法——丑化精神分析。这个对话令人觉得好笑：人们总是喜欢看到木偶痛打警长。但就我个人来说，我并不觉得这可笑。"[③]

尽管木偶是打不到警长的，但这不妨碍萨特真地去寻求丑化精神分析。那么为什么他又放弃了这样的违抗呢？1968 年 5 月风暴之后一年，萨特参与了对名

① Jean-Bertrand Pontalis(1924—2013)，法国哲学家、精神分析师、出版人和作家。——译注

② Bernard Pingaud(1923—)，法国作家。——译注

③ *Les Temps modernes* , avril 1968，第 1813 页。

人所进行的精神分析——不管是拉康主义的还是非拉康主义的——在法国的充分发展。而吉尔·德勒兹根据受赖希启发的弗洛伊德-马克思主义,则对这种精神分析进行了质疑,同时,福柯通过他对德勒兹立场义无反顾的支持[1],也质疑了这种精神分析。为了反对德勒兹的这种立场,萨特诉诸的不是欲望理性或将弗洛伊德主义类同于某种压抑精神病学理想,而是自由主体这个永远不容置辩的武器。尽管萨特也并非无视于录音机中人之虚假自由的可笑一面,但他还是继续相信主体性自由的拯救价值是唯一真实的价值。这也是为什么他会袒护这个本身就是从他的哲学获得启发的英国反精神病学。因此,他还是极力隐藏电影剧本《弗洛伊德》所构成的事件,并且在这时,好像还是无视出版这个浮士德式怀旧文本,会在何种程度上为揭示法国弗洛伊德主义做出贡献。我们很容易想象得到,70年代的拉康一代,那些曾经在阿尔及利亚战争时期是萨特主义者的人,如果他们能够以遗著以外的方式了

---

[1]　关于《反俄狄浦斯》的问题,请参阅本书第五章。

解这个电影剧本,其中会有多少人(或至少这代人的一部分)可能会被这个电影剧本吸引。

受福柯向迪迪埃·埃里蓬(Didier Eribon)[1]吐露的一句话激发,我有机会去反思这样一个共同的历史:萨特和拉康这两个自由大师以几乎同样的年纪,在面对着法国青年学生反抗运动(1968 年 5 月),尤其是毛主义的激进性时,他们一个投入到革命的想象之中直到对自我进行否定,并勉强被福楼拜的文字拯救;另一个被保护在巴洛克式的严格性之中,只是为了在语词恐怖之翌日,更好地领会战斗理想的坍塌。

一边是具有吉伦特派[2]气质的马拉[3],另一边是具有

---

① 参见：Élisabeth Roudinesco, *Jacques Lacan. Esquisse d'une vie, histoire d'un système de pensée*, Paris, Fayard, 1993。我们可以在此书中找到福柯声明的全文：Didier Eribon, *Foucault et ses contemporains*, Paris, Fayard, 1994,第261—263 页。

② 吉伦特派(girondines),是法国大革命时期立法大会和国民公会中的一个政治派别,主要代表当时信奉自由主义的法国工商业人士。——译注

③ Jean-Paul Marat(1743—1793),法国大革命时期的活动家和政论家。批评《人权宣言》只是富人安慰穷人的诱惑物。1793 年 5 月参与起义推翻吉伦特派统治,建立雅各宾专政。7 月 13 日被吉伦特派的女刺客夏绿蒂·科黛暗杀。——译注

热月党人①特质的托克维尔②。米歇尔·福柯称之为"交替出现的我们的同代人"。对于他们彼此的继承者来说，萨特主义不再意味着主体是彻底自由的，结构主义也不再意味着主体是由社会条件或内部心理决定的。现在更值得去做的是去理解隐藏在主体概念本身之后的东西：这个复杂而又不牢靠的东西，既难以言说，缺之又无法言说。

这个表现非常有趣，因为它似乎纠正了这同一个福柯在1966年与马德莱娜·夏普萨尔(Madeleine Chapsal)对话中的言论："我们经历了萨特这样当然是慷慨和勇敢的一代，他们拥有对生命、政治和存在的激情，但我们也发现了别的事物：对概念的激情，对我称之为系统的激情……"福柯着重指出，相对于萨特的著作，他对断裂点

---

① 热月党人(thermidoriennes)原是反罗伯斯庇尔的各派人物的暂时结合，并无统一纲领。他们代表在革命中形成的温和派资产者利益，执政后实行的主要是原丹东派的主张。他们废除雅各宾派限制和打击资产者的政策，封闭雅各宾俱乐部，使工商业解脱恐怖时期的束缚，并于1794年处死雅各宾派领导罗伯斯庇尔，开始了热月党统治时期。——译注

② Alexis-Charles-Henri Clérel de Tocqueville(1805—1859)，法国历史学家、政治家、社会学(政治社会学)的奠基人。曾因反对拿破仑称帝被捕，主要代表作有《论美国的民主》、《旧制度与大革命》。——译注

的领会一方面来自列维·斯特劳斯,另一方面来自拉康,来自他们(前者在社会方面后者在无意识方面)将所有分析形式(不是意义的闪烁而是支配意义的系统)摆在首位[1]。

福柯也曾经在这两种激情——概念哲学与介入哲学——之间摇摆,最终才将它们结合在同一个规划之中,我们可以在其未来的著作中找到这个痕迹。这就说明这两种激情是不可分割的,不过前提是两者都充当着对所有屈从式哲学进行彻底抗拒的基本点。

而且,在这些哲学家(我试图构建他们的系谱和批判性继承)的代际性派系中,萨特是不是可以没有拉康而单独存在,这一点是不确定的。因为将他们象征性地联系在一起的关系,既与他们所实现的哲学派系有关,也与20世纪的历史有关。30年代,二人都是重新考问德国哲学思想反沙文主义运动的一部分。随后,二人也都没有参加抵抗运动。他们在穿越战争的过程中,在他们不认

---

① Michel Foucault, *Dits et écrits*, t. 1, 1954—1969, Paris, Gallimard, 1994, 第514页。

同的极端反纳粹主义场景中,都发现了一个将要来临的反思:关于介入与自由问题的反思。

我们知道实际上在解放翌日,在拉康回应《禁闭》的著名文章中,他强调:人不能自由地选择枷锁,因为不存在自由的原初涌现。为了自由,拉康被迫用逻辑推理融入人的集体性。换句话说,只有对某个团体的归属才能建构主体与他者的关系,只有逻辑特质能将人导向真理,也就是根据辨识与无知的辩证法导向对他者的接受。拉康与萨特一样在胡塞尔的传统中,立足于概念哲学,试图在其中纳入一种非主体性的主体哲学,或者,正如他所说的"我的存在式不确定性(une indétermination existenti-elle du je)"①。因此,拉康使得人类自由不是取决于脱离所有主体心理学的逻辑选择②,而是取决于某种时间性:这个时间性允许每个主体在某种"用于理解的时间"作用下,听从逻辑的决定。

---

① Jacques Lacan, « Le temps logique et l'assertion de certitude anticipée. Un nouveau sophisme», Cahiers d'art, 1940—1944. 再版于Écrits, Paris, Seuil, 1966,有许多修改。

② 就像乔治·康吉兰关于卡瓦耶所做的。

萨特和拉康是由奠定了我们现代性的两个主要经验(弗洛伊德主义革命和马克思主义革命)造就的,这也说明在穿越自由梦想(他们没有为这个自由战斗)的战争风暴之后,他们善于将拥护某种学说与异端精神混在一起。萨特作为正统的共产主义者或马克思主义者,并不比拉康作为正统的弗洛伊德主义更甚。正是通过且仅仅通过这样的煽动性立场,对于1968年"五月风暴"的一代来说,他们反而成为能够认识到他们自身教诲之局限的导师。他们在有生之年从未有过可以自称为无意识或革命的事迹,他们为共同的后代留下了的遗产就是:共享的沉默。

　　现在得由这个共同的后代来想象一个寻求根源的新弗洛伊德和一个参与介入的新萨特,二者都得从混乱和多瑙河绿荫堤岸之间的错误中争取。

第三章

米歇尔·福柯:《疯狂史》的多种解读

在《疯狂史》出版后的若干年里，精神病学家、心理学家和精神病理学历史学家的批判既是猛烈的又是矛盾的。米歇尔·福柯宣告废除为他们的知识奠基的全部理想，将有着漫长历史的皮内尔①人道主义撕成碎片，并向制度改良主义的所有形式宣战："这本书不是要站在理性人的角度，面对着疯子来做疯子的历史，也不是要做与疯狂对立的理性的历史。这里要做的是他们一直共有但又

---

① Philippe Pinel(1745—1826)，法国医生、精神病学家。受百科全书派及卢梭的观点影响，被认为是以人道主义对待精神病患者的先驱，现代精神医学之父。——译注

总是被修改的历史……决不是医生定义了理性与疯狂的界限,但从 19 世纪开始,医生负责监控这个边界,并在这个边界上加强守卫。他们在那里标出'精神病',一个相当于禁忌的指示。"①

亨利·艾②立即领会了其中的启示。亨利·艾是可

---

① Michel Foucault, *Histoire de la folie à l'âge classique*, *op. cit.*, 导言文字。福柯是 1961 年 5 月 20 日进行主论文答辩的,答辩委员由以下人员组成:答辩主席 Henri Gouhier,第一报告人 Georges Canguilhem,第二报告人 Daniel Lagache。同一天,福柯还就其关于康德的副论文进行了答辩,论文报告人有 Jean Hyppolite 和 Maurice de Gandillac。这篇主论文送到伽里玛出版社时,尽管 Roger Callois 对之颇有好感,但还是被 Brice Parain 拒绝了。这篇主论文后来在 Philippe Ariès 的建议下,于秋季在 Plon 出版社出版,标题改为 *Folie et déraison*, *histoire de la folie à l'âge classique*(《疯狂与非理性——古典时期疯狂史》)。这第一个版本带有一个福柯在 1972 年版中删除的前言,但这个版本如今早已售罄。参见: Michel Foucault, *Dits et écrits*, t. 1, *op. cit.*, 第 159—167 页。对于该书 1972 年的伽里玛版,福柯也修改了题目,并带一个新的前言,福柯在前言中说明了为什么他不想为了适应当下事件的需要而修改此书。一开始,他本想对那些反精神病学的主题进行解释,但后来还是放弃了。在 1972 年的版本中,列入了两篇重要的附文:一篇是对 Henri Gouhier 的回复,一篇是对 Jacques Derrida 的回复。

② Henri Ey(1900—1977),法国精神病学家。《精神病学演进》(L'Évolution psychiatrique)的主要撰稿人,"器官-动态学"精神病研究方法的发明者,这个方法受英国神经科医生 John Hughlings Jackson (1835—1911)工作的启发,这种方法认为心理功能不是静止的,而是自上至下相互依赖。[法国博讷瓦勒精神病医院主治医师。1925—1931 年曾与欧仁·明可夫斯基、雅克·拉康等同在法国巴黎圣安娜医院担任住院实习医生。1945 年与明科沃斯基共同发起了"精神病学发展"运动并创立了同名杂志。1950 年成为国际精神病学协会总秘书。]——译注

敬的临床医生、器官动力学理论家，也是精神错乱主义转变为精神病学的最后一个伟大代表。他曾受菲利普·皮内尔的影响，他在(两次大战期间开办的)博讷瓦勒(Bonneval)医院的实验，与英国贵格会成员、道德治疗发明者之一威廉·图克①的实验非常相近。这个实验依据来自启蒙哲学的观念，即在疯子那里总还有允许建立治疗关系的理性剩余。但这个实验也预示着多种多样接待场所的建立(从圣阿尔邦，穿过拉伯德堡到博纳伊)，这些接待场所很快就为疯狂打开了一个自由的新空间：社团生活，拒绝疯人院式的约束，颂扬弗洛伊德关于主体之鲜活言说的价值。

受杰克逊②神经病学(弗洛伊德从中借取过某些概念)启发，亨利·艾在30年代建立的器官动力学说将功能等级至上说与功能静态组织观相对立，认为心理功能

①　William Tuke(1732—1822)，英国商人、慈善家和基督教教友派信徒(贵格会)。主张监护和照料精神紊乱者时要运用更为人性的方法，这种方法后来被称为"道德治疗"。福柯在《疯狂史》中对此有专门批判。——译注
②　John Hughlings Jackson(1835—1911)，英国神经科医生，以等级形式描述了神经和脑的作用方式。——译注

从上到下相互依赖。这种学说也与继承自德法双重传统的"构造"学说相对立。从这一点来看,杰克逊的模式与亨利·艾的关系,就如同弗洛伊德的模式与雅克·拉康的关系。

如果说杰克逊使神经病学脱离了机械主义起源,那么弗洛伊德则为了建立他的无意识理论而脱离了神经病学,并为精神病学带来了关于疯狂的新概念。但在亨利·艾看来,需要拉近神经病学与精神病学,以便赋予神经病学一个能够纳入弗洛伊德主义的理论。雅克·拉康则相反,从其1932年的论文①开始,便主张改革弗洛伊德的做法,在弗洛伊德式无意识模型的基础上重新思考精神病学知识。在亨利·艾通过意识现象学主张保持神经病学和精神病学的关系之时,雅克·拉康则同时拒斥精神发生学(psychogenèse②)和器官发生学(organogenèse),他提出对立于这二者的心因学(psychogénie③),即人格的纯粹精神

---

① Jacques Lacan, *De la psychose paranoïaque dans ses rapports avec la personnalité* (1932), Paris, seuil, 1975.

② 精神或器官紊乱产生的心理过程。——译注

③ 仅仅是由心理因素造成的身体病变或心理扭曲。——译注

构造。但亨利·艾与雅克·拉康都坚决认为精神分析不应充当过去精神病学的补充技术。在他们眼里，弗洛伊德的发现给精神病学重新赋予了意义，因为它驳斥了与疯狂的实际经历和话语相分离的疾病分类学观念。但亨利·艾与雅克·拉康的分歧在于对机体的关联，前者将之包含在内，后者则将之排除在外。

他们的冲突在战争前就爆发了，只是在1946年博讷瓦勒的学术研讨会上才清楚地阐明。从这时起，为思考疯狂的本质原因，拉康宣扬重返笛卡尔的必要性。他用几行文字评论了《第一哲学沉思集》的第一沉思（米歇尔·福柯和雅克·德里达的论争焦点即在此）："我怎能否认这手、这身体是我的，如果这不是因为我与某些失去理智的人相提并论，他们的脑子被胆汁的黑色蒸汽弄得如此紊乱和模糊，他们总是认为自己是国王，而其实他们非常穷；认为自己穿金戴银，而其实他们一丝不挂；或者认为自己是瓦罐或有着玻璃身体？但这是什么呀！这是些疯子，如果我以他们为榜样，我就太荒谬了。"

拉康想说的是，笛卡尔所奠定的现代思想的条件并没有排除疯狂现象。当然，面对亨利·艾以及继承菲利普·皮内尔的动态精神病学支持者,还要肯定现象本身的特性是完全心理性的。这并不妨碍 3 年后,拉康在苏黎世国际精神分析协会(IPA)年会上,为了更好地批判占统治地位的自我心理学(l'*Ego Psychology*),表现出反笛卡尔主义的倾向,并强调精神分析的探索"与所有来自我思(Cogito)的哲学极端对立。"①

因此,一方面,拉康诉诸笛卡尔以便与我思(Cogito)一起思考疯狂;另一方面,或多或少为了使自我(Moi)的非弗洛伊德式心理学得以诞生,我思(Cogito)又被撤销。尽管拉康并不是提前出现的福柯主义者,但他比他那个时代的精神病学家更容易接受《疯狂史》的种种主题。拉康通过超现实主义,实际上很好地在他的方法中融入了这样的观念:疯狂有自己的逻辑,应该在疯子(自称笛卡尔理性的精神病学知识所导致的)传统的自言自语之外来思考疯子。这些都不是亨利·艾及其精神病学发展小组的立场。

---

① Jacques Lacan, «Le stade du miroir comme formateur de la fonction du Je» (1949), *Écrits*, *op. cit.*, 第 93—101 页。

从 1961 年开始,亨利·艾花了几年的时间来思考福柯的书,他称福柯为"精神病学谋杀者"。不过,他非常清楚这位哲学家、医学和科学史学家之方法的重要性,他决定为此在他的协会中专门进行一次名为"疯狂史的观念论概念"的学术研讨会。会议 1969 年在图卢兹进行,但福柯拒绝参加这个会议。

亨利·艾强调:"这涉及到精神病学谋杀这样一个对于人之观念本身结果严重的问题,我们很希望米歇尔·福柯到场。既是要为我们对他思想之系统性方法的钦佩致以公正的敬意,也是要对下面这一点提出异议:精神疾病可以被看作疯狂的最卓越表现,或在特殊情况下,还可以被看作诗意天赋的光芒。因为精神疾病不是文化现象。如果我们中的某些人,因其自身位置的脆弱性而感到不适,或者被福柯杰出的悖论所吸引,而不希望面对这个争论,对我来说,这样失去这个面对面的机会是很遗憾的。我们专门邀请了米歇尔·福柯,他为这几天无法来图卢兹而致歉,他和我们一样感到非常遗憾。那么我们就当作他在这里一样,来进行一个观念的争论,这样的观念争论也不太需要引入那些确切来说只以观念相对抗之人的物理呈现。"①

　　对精神病学知识的辩护,其实比福柯在反精神病学运动中所遇到的主题还要复杂和大胆。对精神疾病-概念的批判以及对病因性精神病学的质疑,从1959年就开始了,它们的路径与《疯狂史》的作者所采取的路径完全不同。在英国、加利福尼亚州和意大利,对精神病学的争议已经在精神病院和政治实践的领域诞生了,它们在法国占领了由亨利·艾开启的动力学领域,来自圣阿尔邦医院(乔治·康吉兰曾逗留的地方)先锋实验的机构性精神治疗领域,以及拉康主义所复兴的领域。反精神病学运动锚定的区域,一般都是精神分析被"规范化"为新弗洛伊德主义教条,以及动态精神病学朝固结的器官说发展的区域。

　　而且,这些抗议者都是以介入为标志的:反殖民斗争、跨文化主义斗争、极端左派的战斗主义斗争。格雷戈里·贝特森②是人类学家和严格的文化主义者,大卫·

---

① *L'Évolution psychiatrique*, t. 1, fasc. II, 第226页。

② Gregory Bateson(1904—1980),英国人类学家、社会学家、语言学家、视觉人类学家、符号学家和控制论学者。1940年将系统论(控制论)扩展到社会、行为科学领域,晚年致力于统一系统论的各种早期形式。主要著作有《迈向心智生态学之路》(1972)、《心灵与自然》(1979)等。——译注

库伯是精神病学家并曾与南非种族隔离作斗争，弗兰克·巴萨吉利亚①曾是意大利共产党成员。至于罗纳德·莱恩，则是在印度的英国军队中从事精神病学工作之后成为精神分析师的。对于这些造反者来说，疯狂不是疾病而是**历史**：一段旅行、一个过渡或一种状况的历史，精神分裂症则是其中最完备的形式，因为精神分裂者用发狂来回应社会或家庭的异化。

这些反精神病学者因此与福柯共同持有这样的观点，即疯狂应该按照历史来思考，这个历史的档案通常是以可怕的驱魔为代价被驱逐在外：异化机制的历史变成精神病学，理性的历史则成为压制的历史。但在反精神病学者想要成为纯粹的执业医生之时，想要用萨特哲学或文化人类学的工具将所有机构规范炸得粉碎之时，福柯仍然保持为理论家、哲学家和理智事物的战士。他为疯狂史的显露而战斗，但并不活在疯子之中。

① Franco Basaglia(1924—1980)，意大利精神病学家、神经科医生和教授。提出拆除精神病院，是现代精神健康概念的开拓者，意大利精神病学改革者。1978年意大利精神健康法案的倡导者，该法案亦命名为"巴萨吉利亚法案"。——译注

福柯正是依据巴塔耶和尼采最具冲击力的著作，呈现了西方理性中这一不能化约为任何话语性把握形式的"被诅咒部分"①。因此，福柯与历史学家一起进行的且以反历史学家之道而行之的斗争，是为了给予违抗性档案以说话的权利，也就是说，让未经加工的和幻觉性的资料以及卑鄙下流的文本和痕迹说话，它们不是来自专家、法官或审查者，而是来自疯子、罪犯和杀人者。

精神病历史学家指责米歇尔·福柯的普罗米修斯姿态，这不无道理。福柯不仅窃取了他们的欲望对象，还可能使他们的社会地位变得荒谬。从精神病学成为知识领域以后，其历史化就是以纯粹理想化叙事的形式进行的：导师们光辉的行为和举动一般都是由对导师最有敬意的学生来叙述的，这些学生后来自己也成了导师，事先就确定会看到他最亲近的学生重复他自己在继任导师之时所唱的赞歌。永远告别对立者或永远告别对立者的礼节注定使继承永存。因此在纯粹权力的传递范围内，就构建了虔诚的历史，从萨尔佩特里埃医院经由比塞特医院再

---

① 参见：Michel Surya, *Georges Bataille*, *la mort à l'oeuvre*, Paris, Gallimard, 1992.

到夏朗东医院,连贯着肖像的传奇般长廊,其唯一的作用就是上溯先贤:菲利普·皮内尔。

而这只是传说,谁都知道这个传说是艾迪安·埃斯基洛[①]在[法国大革命后的]复兴时期创造的,其唯一目的就是将创始英雄转化为反雅各宾派的人道主义者,并同时掩盖这样的事实:他在比塞特医院的任命,是得自1793年9月11日[法国大革命时期]山丘派制宪会议的法令。无污点不指责的英雄传说,随后就以标准形式一代一代地传递下来,而这个传说也不再与历史事实有丝毫关系。但就像所有的传说一样,它变得比事实还要真实。

这个历史的梗概是这样的:"在'恐怖统治'[②]之下,皮内尔接受了库东[③]的访问,后者要在疯子中寻找可疑

---

① Étienne Esquirol(1772—1840),处理精神错乱的专科医生。法国1838年建立精神错乱者专属医院法案的倡导者,被誉为法国精神病学机构之父。1825年由他创建的夏朗东精神病院同时收治300个病人,他培养了那个时代的大部分精神科医生。——译注

② La Terreur(1793—1794),指法国大革命时期雅各宾派的"恐怖统治"。由罗伯斯庇尔领导的雅各宾派统治法国,当时吉伦特派与雅各宾派正在争夺政权,有数千人被安上反革命罪名,遭到政府处刑,送上断头台。1794年,"热月政变"爆发,罗伯斯庇尔被斩首,"恐怖统治"结束。——译注

③ Georges Couthon(1755—1794),法国律师、政治人物,法国大革命时期雅各宾派的革命者。——译注

分子。每个人都在罗伯斯庇尔忠实信徒的视线下颤抖不已,他刚刚从瘫痪的座椅上站起来,以至于必须由人搀扶双臂。皮内尔带库东来到外廊,在那里,焦躁不安的疯子让库东产生了强烈的恐惧。库东遭到种种辱骂,他转过头对精神医生说:'市民,你就是想让这样的动物自由,你自己也是疯了吧?'医生回答说:'这些精神错乱者在被剥脱空气和自由的时候,比没有剥夺的时候要更加难以对付。'库东因此同意解除枷锁,但警告皮内尔不要过于自信。人们把库东送上汽车,慈善家[皮内尔]就开始着手他的杰作:他解开了疯子的枷锁,促生了精神病院。"[1]

1961 年,米歇尔·福柯的书问世之时,这段虔诚的历史已经过时被弃,精神病学历史学家共同体也已为现代方法之便——这个现代方法受到了康吉兰的工作和年鉴学派创建者遗产的启发——抛弃了这段历史。人们因此开始研究精神病学本身的概念工具及其疾病分类学不同构造的历史,同样的,人们也试图表明这个历史并不是

---

① 对这个虔诚历史最好的描述当属:René Semelaigne, *Les Pionniers de la psychiatrie avant et après Pinel* (2 vol., Paris, Ballière et fils, 1930),这里引用的就是其中的片段。

从皮内尔开始的,而是与循序渐进的偶发事件混在一起,在艰难地摆脱精神疾病概念的过程中持续了相当漫长的时间。

人们开始说疯狂对人来说是很自然的。疯狂可以上溯至蒙昧时期,经过持续的演化,疯狂被人们从魔法思想所给予的视角中拔除出来,成为科学的对象。人们因此还强调对疯狂的感知(即对疯狂的理解)从蒙昧主义发展到进步、从宗教发展到人道主义、从自然发展到文化、从文化主义发展到世界主义。人们还坚持强调,人是理性的存在,而总的来说,一个现代精神病学家,在弗洛伊德主义教育下养成,吸收过人种学知识,还是更喜欢魔法,更喜欢幻术或审问。人们说,法官的正义好过中世纪的酷刑,皮内尔的道德治疗好过"疯人船"。

在精神病学历史领域变得体面之时,为了宣告废除圣徒传记中的魔鬼,一个既不是精神病学家也不是历史学家的人,通过进行结构性变换的纯粹游戏,突然声称所有精神病理学专家的努力都毫无价值。他大体上是这样说的,与其说一个概念军火库的诞生能够解释疯狂在人类自然中的存在,不如告诉我们这个军火库是建构在对自然中已经被给予之疯狂的回溯性幻觉。从那时起,疯狂不是自然而是文化的事实,疯狂的历史就是如此描绘疯狂并迫害疯狂的文化历史。

况且,医学科学也只是作为疯狂与理性关系的历史性形式之一才予以介入,所以,医学科学的概念对于这个关系的分析是不恰当的,这也是为什么为了解这个关系的意义,必须从排除医学科学概念开始。乔治·康吉兰接受去做福柯博士论文的报告人,他立即就明白这里是对以精神病学方式思考疯狂的一个激进修正:"因此,福柯工作中探讨的问题是实证精神病学(在弗洛伊德革命之前)种种开端的意义。这里通过精神病学,修正的其实是实证心理学之降临的意义。这个研究所激发的主题与对心理学之'科学'身份的质疑一样,一点也不让人奇怪。"①

① Didier Eribon, *Michel Foucault*, Paris, Flammarion, coll. «Champs», 1991:«Rapport de Georges Canguilhem du 19 avril 1960». *Cf*. également Georges Canguilhem, « Sur l'*Histoire de la folie* en tant qu'événement », *Le Débat*, 41, septembre-novembre 1986; « Présentation » du colloque *Michel Foucault*, *philosophe*, Paris, Seuil, 1989; « Mort de l'homme ou épuisement du Cogito? », *Critique*, 242, juillet 1967.

康吉兰通过这些论断，又一次痛斥了这一他本来就深恶痛绝并一直认为是顺服技术的伪科学。在答辩委员中，丹尼尔·拉加什代表着精神病理学领域，他觉得受到了责骂，这是极有道理的。因为福柯的举动摧毁了他整个学术生涯所献身的工作：心理学的统一体。不过，他没有对年轻的哲学家提出任何反对的理论论据，并满足于只是提出一些细节上的错误：信息的欠缺或关于精神分析概念性的忽视。

领域内的历史学家少不了对福柯的工作进行批判，不过还是得承认福柯的工作为他们的反思起到了出乎意料的推动作用。另外，我们可以从 1961 年福柯事件所引发抵制的强度来衡量这一事件的侵入力量。面对这个结构性颠覆造成的轰动，最积极的抵制就是试图列出一长串没完没了的错误清单。只有上帝知道他们是否真的能找到这些错误！日期错误、解释错误、资料选择错误、对某个事件的不了解以及为某个被夸张了的事件赋予想象中的价值，等等。

简言之，人们指责福柯幻想了一个并不在精神病学历史档案中出现的疯狂的历史。的确，福柯的疯狂史也不打算呈现这个档案。因为福柯疯狂史的核心，就是看到了精神病历史学家看不到的东西，并且，为了让这个不可见和说不出名字的事物涌现出来，福柯受弗洛伊德的启发，发明了一种难得的原初场景，一个传说中著名的原始并总是(无条件)重复的分割场景，这就是非理性与疯狂的分割，就是博斯(Bosch)画作中可怕的疯狂与伊拉斯谟话语中顺服的疯狂之间的分割，就是批判意识(疯狂在此成为疾病)和悲剧意识(疯狂升华为如同戈雅〈Goya〉、梵高或安东尼·阿尔多〈Antonin Artaud〉般的创造)之间的分割。在这一系列分割的意义上，福柯本可以发明另一种更为隐蔽的分割，即内在于笛卡尔我思(Cogito)中的分割：疯狂甚至在其停止危害思想权利的那一刻，也是被排除在思想之外的。

因此，精神病学家、心理学家和精神病理学历史学家便有了这样的印象：这个他们没能在档案中发觉而福柯似乎神奇地发掘到的疯狂，揭示了一个杰出但不负责任的文学构造。在他们眼里，这个被如此复活的"疯狂"，一个这样的幽灵或鬼魂，还是与精神病学家负责治疗以及历史学家必须讲述其悲惨史诗的"真正"病人的痛苦现实不相干。

由此，他们又指责福柯既不是医生，又不是精神病学家，也不是心理学家，也从未遇到过真正精神病院里的疯子，没有遇到过日常生活中的、使人不快的、激动不安的和愚蠢的疯子，或者相反，没有遇到过安静的、听话的、受控制的和有理性的疯子。一个极少进入临床的哲学家是否有权利将真正疯子的匿名疯狂转化为雄壮的画卷？他是否有权利将日常精神病院的日常疯子改头换面为卓越的诗人(阿尔多)或天才画家(梵高)？人们说，福柯以取笑那些诚实的执业医生为乐，而这些医生每日都得面对穿束身衣的精神病人进行繁重的劳动①。

另一个批判的版本是：为什么这个优雅的哲学家、医生的儿子，甚至并不想选择精神病学这个行业，却会对疯狂如此感兴趣？为什么如此激烈和反叛？为什么会有这样的违抗？这个人难道不是被一种异常经验所困扰，这

---

① 所以这些立场都在图卢兹学术研讨会上表达出来，它们尤其来自 Georges Daumezon, Henri Sztulman, Antoine Porot, Eugène Minkowski, Julien Rouart 等。还可参见：Robert Castel, « Les aventures de la pratique», *Le Débat*, 41, *op. cit.*

使他将自己认作想象中的疯子,以便更好地摆脱他不愿列入其中的行列? 人们知道福柯曾经试图自杀,人们知道他是同性恋,人们知道他曾经接受过三周的精神分析治疗,最后,人们知道他曾经与圣安娜医院的疯子交往甚密,他为了完成精神病理学学位,曾经追踪过大量病人展示。因此,人们认为他的著作既是一个反常者有所掩饰的自传,也是一个患有抑郁的精神病人有所隐藏的告解①。

这样的理由,使福柯著作的这些敌对者忽略了这部反传统著作所占据的位置,即不仅是在作者本人的生命轨迹中,也是在叙述疯狂之方式的历史中,都同样具有的重要地位。该书的文本几乎全部是在乌普萨拉②城的轻雾中

① 在我发起的精神病学和精神分析史国际协会(Société internationale d'histoire de la psychiatrie et de la psychanalyse)第九届学术研讨会(1991年11月23日)上,克劳德·葛太尔提出了他反福柯的控诉,其时,乔治·康吉兰、雅克·德里达、阿莱特·法尔热、雅克·波斯泰尔、弗朗索瓦·宾、勒内·马若尔、阿戈斯蒂诺·贝纳利(Agostino Pirella)和皮埃尔·马舍雷都在场。参见: Penser la folie. Essais sur Michel Foucault, Paris, Galilée, 1992.

② Uppsala,瑞典中部的一座城市,位于首都斯德哥尔摩北面。福柯从1954年到1958年在乌普萨拉大学任法语老师,并兼任法国外交部设立的"法国文化中心"主任。1959年在波兰华沙大学内的"法国文化中心"任主任。——译注

写就,最后"在波兰自由的执拗阳光下"①完成。如果福柯在书中引入了这段被诅咒的疯狂经历,这段被精神病理学论文多次击退的经历,那也许说明了他在其自身的存在中,体验到了他在著作中所呈现的这个分割的本源:对疯狂的观看意识与所有观看绝对撤离的分野。换句话说,从乌普萨拉的轻雾走向克拉科夫②的阳光,哲学家曾经进入了疯狂的内核,且没有因此抛弃他的学者立场。但在完成这个伟大旅行之前,他曾经穿越了某种深刻和晦暗的精神折磨,这几乎将他引向"黑暗小径":"一种胡塞尔式的强大苦行将我引向如此陌生和始料未及的国度,我都不知道人们是否还能够在其中呼吸。在犹豫是否要去做和尚或者偏向黑暗小径之后,我决定强迫自己在这里活下来。不过我还只是在呼吸行动的第一步。"③

---

① 1958 至 1959 年间,除了因为与一个为警察工作的年轻男人的关系而突然离开,福柯在华沙作为文化顾问的职能工作本来是非常愉快的。参见:Didier Eribon, *Michel Foucault*, *op. cit.*, 第 112 页。

② 波兰克拉科夫省首府,历来是波兰学术的主要中心之一。——译注

③ 这是米歇尔·福柯 1954 年 8 月 19 日给 Jacqueline Verdeaux 的信中的内容。转引自:Didier Eribon, *Michel Foucault et ses contemporains*, *op. cit.*, 第 116 页。

因此,34年后,另一位哲学家在撰写疯狂历史的时候,回忆福柯的这段困难时期就并不是巧合,路易·阿尔都塞说:"即使在精神病禁闭两年之后,我还是一个(用我的名字所经历的舆论来说)*离世者*(*disparu*)。这既不是死去也不是活着,还没有入土但'没有作为'——这是福柯用来指疯狂的壮美词汇:*离世者*……一个*离世者*会让人产生这样的看法,即他能够(就像今天在我这种情况下)在生命的伟大之日……于波兰自由的伟大阳光下重现的非凡可能。"①

1955年8月,在乔治·杜梅泽的引介下,福柯在乌普萨拉任命为法语教师,他在此期间整理了数量惊人的档案材料:那些由埃里克·沃勒②医生收藏在乌普萨拉大学图书馆的21000册资料:书信、手稿、罕见和难懂的书籍,以及关于灵魂疾病、精神失常治疗、看护法令或社

---

① Louis Althusser, *L'avenir dure longtemps*, suivi de *Les Faits*. Édition établie et présentée par Olivier Corpet et Yann Moulier Boutang, Paris, Stock/IMEC, 第19页。关于这个问题,请参阅本书第四章。

② Erik Waller(1875—1955),瑞典外科医生、图书收藏家,将毕生20000多册科学和医学书籍(包括150本公元5世纪之前的古籍)捐献给了乌普萨拉大学图书馆。——译注

会救济机构方面所进行医学研究的可观收藏。对于革命时期,福柯可以依据的经典有:杜布莱与科隆比耶①、特农②、布里索③、卡巴尼斯④、皮内尔、乞讨委员会报告,以及亚历山大·都德⑤整理的关于巴黎公共救助的四卷本资料。

但因为这个收藏缺少记录禁闭的漫长时期中医院和看守所的资料,福柯的反对者急于断定福柯将其对象的真正历史化置于不顾,因为他掌握的档案——尽管十分丰富——没有揭示真正禁闭之真正历史的真正真相,而

①　François Doublet(1751—1795),巴黎医学院医生,法国皇家医学会成员,他在该学会会议上提交了监狱状况报告,撰写了关于监狱改革之必要性以及操作方式的论文。Jean Colombier(1736—1789),法国军医、外科医生和卫生工作者。因在法国医疗机构改革中所起的作用而闻名。——译注

②　Jacques Tenon(1724—1816),法国外科医生。曾在与比塞特精神病院对应的收治女性病人的萨尔佩特里埃总医院任职,著有《巴黎医院回忆录》(1785)。——译注

③　Jacques Pierre Brissot(1754—1793),法国政治人物,法国大革命时期吉伦特派首领,其日记《法兰西爱国者》拥有大量读者。——译注

④　Pierre Jean Georges Cabanis(1757—1808),法国医生、生理学家、哲学家和国民议会议员,"宪法之友协会"成员,法国医学教育改革者之一。——译注

⑤　Alexandre Tuetey(1842—1918),法国历史学家、档案管理员。——译注

这个真正真相在这些反对者的眼里就是，禁闭只是数个世纪以来展开的难以察觉的一些小事件序列而已。

他们说，何必使用"大禁闭"、"驱魔"或"分割"这样令人费解的修辞来达到描述那只是表明纯粹和简单年代的问题？另一批评版本是：如果福柯之所以这样说是以乌普萨拉大学图书馆 21000 册资料为基础，那是因为这些资料巩固了来自其想象的这些假设，而这些假设，他事先就已经决定坚持到底。

第一个对福柯提出争议的是施蒂恩·林德罗特(Stirn Lindroth)，他当时拥有乌普萨拉大学科学与观念史教席，福柯本想在他那里进行论文答辩。但施蒂恩·林德罗特被这个充满激情的年轻人不太学术的论文类型吓坏了，判定福柯的写作和假设过于复杂晦涩，他甚至多年后还以不理解这样一部著作的新颖之处而感到自豪①。

至于由法国专家组织的关于档案的论战，则较少涉

---

① Didier Eribon, *Foucault et ses contemporains*, *op. cit.*, 第 121—122 页。

及福柯使用档案的方式,更多涉及精神病理学历史学家想要(或不想要)看到的天塌于顶的方式。在《疯狂史》问世之际,他们还从未制造过能够与这样一项工作严肃匹敌的事件。第一本关于精神病学和精神分析历史编纂的奠基性伟大文本是亨利·埃伦伯格①的著作《无意识发现的历史》,这本书同时在实证主义和年鉴学派的视角下写成。但福柯出版《疯狂史》的时候,这本书还在孕育之中,直到1970年这本书才以英文出版,而这时福柯的《疯狂史》已经出版9年了。

埃伦伯格还没有读《疯狂史》(他后来评论说"晦涩"),但他和福柯都持有这样的观点,即疯狂是一个文化事实。但埃伦伯格看待自然与文化划分的方式与福柯是不同的。在埃伦伯格看来,疯狂也许对人来说是"自然的",但只有在其人种表现的多样性中才能领会到这一点。以此来看,如果说疯狂从人类的蒙昧时期既已存在,

① Henri Ellenberger(1905—1993),瑞士裔加拿大精神病学家。受年鉴学派影响,将无意识的发现视作历史问题,将动态精神病学置于"社会事实的整体性"之中。1970年著有《无意识的发现:动态精神病学的历史和演化》。受年鉴学派印象,埃伦伯格认为无意识的发现是一个"历史问题",而不是年代学、时间性和圣徒传记式的"历史叙事"。——译注

但只有在人们能够在魔法思想及随后的理性阐释中领会疯狂的时候,疯狂才是可被理解的。

1961年的时候,精神病理学历史学家当然已经放弃了圣徒传记的领地,但在历史编纂学视角下,福柯的举动对他们来说则太早,以至于他们不能以已创立的知识来予以回应;同时,福柯的举动对他们来说也太晚,以至于他们能够绕过福柯,否认其著作的奠基性价值。他们也自觉或不自觉地对承认福柯著作的存在感到窘迫,而且总是以否定判断为前提:这个哲学家的确是一位大师,却是一位反常的大师;他的著作的确是一部开创性的著作,却也是有缺陷和破坏性的著作。

1954年至1961年间,米歇尔·福柯也改变了立场。在他发表于1954年的第一部理论著作《精神病与心理学》(*Maladie mentale et psychologie*)中,福柯表示异化之现代形式的诞生应该从过去的形象来了解:古希腊的"言行激烈者",拉丁世界的"被奴役者",基督教中"魔鬼附身的人"[1]。

---

① Michel Foucault, *Maladie mentale et psychologie*, Paris, PUF, 1954.

因此,福柯这个时期关于疯狂对象采取的是进化论的态度,之后福柯的贬低者正是指责福柯抛弃了这一点:福柯将精神疾病的概念视作从古代开启经过中世纪"神圣附体"观念转变的对疯狂的看法。1954 年,福柯假设的是一种穿越历史的异化的持久性;而 1961 年,福柯放弃了所有连续性的观念,主张一种建立在理性驱逐疯狂基础上的分割系统①。与此同时,他拒斥精神配置(outillage mental)概念,这个概念最终将年鉴学派继承者的研究囚禁起来,将他们引向对某个不可能找到的"时代精神"(更接近于某种民众心理理想,而不是对过去进行建构性重新阐释的方法)的探寻之中②。

这个极端的改变清楚地表明,福柯并非不知道疯狂

①　皮埃尔·马舍雷是第一个注意到在 1954 至 1961 年间,福柯不仅改变了对疯狂的理解,还在 1962 年再版时,用其对疯狂的新理解修改了他在 1954 年关于精神疾病的研究。参见:Pierre Macherey, « Aux sources de l'*Histoire de la folie* :une rectification et ses limites», *Critique*, 471—472, août‑septembre 1986.

②　不过,在一篇充满溢美之词的文章中,罗兰·巴特将《疯狂史》与年鉴学派传统关联起来,强调 Lucien Febvre 是喜欢这部"大胆的著作,因为它将历史归为自然的碎片,并实际上将文明转化为直到那时都被我们认为是医疗事实的东西。"参见:Roland Barthes, « De part et d'autre», in *Essais critiques*, Paris, Seuil, 1964,第 168 页。

可能从属于与其在乌普萨拉写就的历史不同的另一种历史。但他不能同时思考这两种历史：他的研究目标不是精神疾病的心理学定义，而是寻找疯狂在存在论意义上的真相。这也是亟需重新审视的真相。

最为切题的抨击来自格拉迪丝·斯温①。《疯狂史》出版后16年，斯温指责福柯轻信了废除枷锁的传说，没有试图了解这个传说中的隐藏之物。而实际上，福柯对此事并无兴趣。尽管福柯本应知道皮纳尔从未真的完成这个废除枷锁的举动，尽管福柯本不该忽视普桑②在解放精神错乱者的进步中所承担的角色，尽管福柯本应知道与库东的会面其实从未发生，但福柯认为这个传说是真的，因为在结构性分割的系统里，这个传说宣告了精神病主义者的奠基行动。

因此，福柯追溯一个传说的奠基力量，这涉及到与萨

---

① Gladys Swain(1945—1993)，法国精神病学家。以精神病学历史方面的著作闻名，尤其是对福柯关于疯狂之西方观念的批判。——译注

② Jean-Baptiste Pussin(1745—1811)，先后为比塞特精神病院、萨尔佩特里埃精神病院的监视人。曾协助过菲利普·皮内尔，在改善精神错乱者境遇方面扮演一定的角色。他也是精神病护理的先驱者之一。——译注

特相同的方式,即在这同一个时代,在并不了解档案资料的情况下,重新创造一个比真实的弗洛伊德还要真实的原始弗洛伊德,这个弗洛伊德被怀疑纠扰,渗透着尼采式的狂飙突进(*Sturm und Drang*)。

格拉迪丝·斯温对这个系统提出异议,并关注 19 世纪现代疯人院的诞生。她提出精神病学并不是诞生于(必然是传说中的)对疯子的解放,而是诞生于将以前由护士行使的权力赋予精神病医生。因此,废除枷锁的传说是用于淘汰普桑,是为了让埃斯基洛更好地以皮奈尔(从图腾崇拜的先辈成为圣徒)的名义支配精神病院和疾病分类学[①]。

斯温建议对这位先辈进行历史研究,而不是将其传奇化,这样才能理解他到底是什么人,以及他的作为到底是怎样的。我们知道,福柯没有处理这个问题,因为他拒

[①] Gladys Swain, *Le Sujet de la folie. Naissance de la psychiatrie* (1977), Paris, Calmann-Lévy, 1997. 由马塞尔·戈谢的《从皮内尔到弗洛伊德》开篇。实际上,格拉迪丝·斯温参加了雅克·波斯泰尔的研讨会,是第一个对波斯泰尔废除枷锁的传说表现出兴趣的人。参见: *Genèse de la psychiatrie. Les premiers écrits de Philippe Pinel* (1981), Paris, Les empêcheurs de penser en rond, 1998。

绝置身于这个领域。不过，格拉迪丝·斯温的方法完全得益于福柯，这个方法就在于在精神病学话语中注入哲学家关于疯狂语言所进行的考问。尽管斯温呈现出来的精神病学史新问题（精神病院机构的诞生问题）是与福柯相左的，但她也没有清楚地认识到她的争议得益于福柯。

在《疯狂的主体》出版后3年，格拉迪丝·斯温与马塞尔·戈谢[1]一起撰写了一部关于道德治疗以及从皮内尔到埃斯基洛的精神病院机构之诞生的著作——《人类精神的实践》(*Pratique de l'esprit humain*)[2]。这本书并没有明确地驳斥福柯的论点，但作者提出现代社会的历史响应了由平均主义公设所暗示的一体化逻辑，所以，不能依据对相异性的排斥模式来思考这个历史。该书作者还说，在等级分化和不平等的前古典时期社会，疯子只有在被认为是低等人类（愚蠢的动物）或超人类（神圣附身）才能够被接受——也就是在动物与上帝之间。在民主和平

① Marcel Gauchet(1946—   )，法国哲学家、历史学家。法国社会科学高等研究院名誉主席，也是法国知识分子主要杂志之一《争论》的创始人及主编。——译注

② Marcel Gauchet et Gladys Swain, *La Pratique de l'esprit humain*. *L'institution asilaire et la révolution démocratique*, Paris, Gallimard, 1980.

等的现代社会,则发生了翻转:疯子不再被看作人类之外的他者,而是**另一个我**,也就是有病的主体。

两位作者在书中继续了斯温 3 年前的工作:这个工作既不同于福柯——因为它将 19 世纪的疯人院描述为对民主乌托邦的实现,但也是对《疯狂史》的极好延续——因为它试图表明疯人在融入精神病机构的情况下是如何完全被改变的。

其实,福柯从不寻求将疯人院描述为对民主乌托邦的实现,他也从来都不想表明这个乌托邦本身的失败是在于自身中的什么问题。为什么? 仅仅是因为这个论题(尽管十分有趣)揭示了他在 60 年代已抛弃的尽人皆知的连续性。他另外建构了他的分割系统,这不是为了否定连续性,而是为了强调每个时代如何安排其乌托邦,也就是如何安排其对于疯狂的看法。在这点上,呈现在人类社会历史中反复出现的疯狂的相异性,也能够呈现乌托邦所假设的对疯狂的看法。

格拉迪丝·斯温和马塞尔·戈谢远没有构成对福柯的批判,而是承认了福柯的开创性立场。不过,在他们的前言里,他们认为福柯 1976 年的《知识的意志》(*La*

Volonté de savoir)①比《疯狂史》更重要:前者被他们认为是"核心"著作,而后者则是"间接核心"的著作,而且已经成为过去。而这两位作者特别推进了人们对福柯的认识,即福柯极好地粉碎了弗洛伊德的发现。在他们笔下,弗洛伊德的发现被指责为完全涉入"极权主义逻辑"。同样的,他们也将那些主张"回到弗洛伊德"的人,痛斥为1793年的雅各宾派。

换句话说,格拉迪丝·斯温和马塞尔·戈谢从未提及弗洛伊德或拉康的名字,但他们平静地向80年代的读者表明:所谓弗洛伊德革命只是对雅各宾派革命之灾难记忆的极权复制品,在他们眼里,这一复制提前为古拉格奠定了基础。

这些夸张论题受弗朗索瓦·菲雷②关于法国大革命主张③的影响,但它们忽视了这样的事实,即独裁者总是

---

① Michel Foucault, *La Volonté de savoir*, Paris, Gallimard, 1976.

② François Furet(1927—1997),20 世纪法国历史学家,以对法国大革命时期的历史研究著称,1997 年成为法兰西学术院院士。——译注

③ 参见:François Furet, *Le Passé d'une illusion. Essai sur l'idée communiste au XXe siècle*, Paris, Calmann-Lévy, 1995. 这本充满错误和仓促判断的书,以轻蔑和无知的态度对待福柯和阿尔都塞,并怀疑他们宣扬资本主义"极权"秩序。对于作者并不了解的福柯和阿尔都塞(转下页注)

禁止精神分析的教学和实践，这种做法从纳粹独裁者上台就开始了，纳粹将精神分析定性为"犹太科学"，斯大林主义者接着将之视作"资产阶级科学"。格拉迪丝·斯温和马塞尔·戈谢尽管在批评福柯的"错误"时十分谨慎，但他们在批判精神分析时，则似乎忘记了：这门极权式学科的很多代表因为他们的观念，有时又因为与其他精神分析学家默认的同谋关系，而被杀害、审查和折磨。

那么，在这样一本完全关于精神病院机构历史的500页科学著作中，在这个既不涉及弗洛伊德，也不涉及拉康，亦不涉及精神分析，甚至不涉及精神分析历史的著作中，写一篇这样的前言是要做什么呢？

如果斯温和戈谢更喜欢《知识的意志》而不是《疯狂

（接上页注）的"继承者"，作者只是简单地对他们进行侮辱："那些过去68时期的人，很快与市场、广告、消费社会和平相处，他们在那里如鱼得水，就好像他们揭露那些缺陷只是为了更好地予以适应。但他们一心要保留革命观念在他们所在社会机构中所带来的知识分子利益。在他们所爱戴的作者那里，比如马尔库斯、福柯、阿尔都塞，极权主义还只是资产阶级秩序的极权主义。在其中寻找 20 世纪对'现实社会主义'的批判分析将是徒劳的。"（第 563 页）需要注意的是，福柯对弗雷的 *Penser la Révolution française* (Paris, Gallimard, 1978)并没有持否定态度。关于对弗雷法国大革命论述的多种多样阐释，可参见：Olivier Bétourné et Aglaia I. Hartig, *Penser l'histoire de la Révolution. Deux siècles de passion française*, Paris, La Découverte, 1989.

史》,这恰是因为在前者中,福柯向吉尔·德勒兹与菲利克斯·瓜塔里对弗洛伊德主义的批判致敬。1972 年,在《反俄狄浦斯》(*L'Anti-Œdipe*)中,两位作者实际上重新建立了与赖希传统的关联,他们反对弗洛伊德的系统,将之判定为压抑的和"俄狄浦斯的",一个与所有象征性表征形式都不相干的欲望流理论[1]。这里针对的正是在弗洛伊德之外,偏向教条和逻辑的拉康学说。

在 1961 年的《疯狂史》中,福柯将弗洛伊德的发现放在精神病理学历史的内在连续性中,总是小心地让人领会其特异性的身份。福柯很好地表明了弗洛伊德与皮埃尔·雅内的关联,但与此同时,他也不断肯定这两个学说明显具有极端的不连续性。在 1976 年的《知识的意志》中,福柯不再提这同一个问题,而选择强调将告解与招认技术与治愈技术关联在一起的内在连续性。在这一视角下,德勒兹和瓜塔里的论点对形成福柯自己的论点是有帮助的。

至于精神分析,福柯远没有将其视作极权事业,反而强调精神分析与他并不相干。福柯说,自从弗洛伊德与

---

[1]　关于这个问题,请参阅本书第五章。

堕落-继承性诸理论脱离干系之后,为了面对与他同时期的对种族主义的恐怖推进,弗洛伊德将"联姻、血亲禁忌和父权统治的法则"作为性的原则。简言之,弗洛伊德在欲望问题上召唤了权力的旧秩序。福柯补充道:"对于这一点,精神分析应该——除了个别邻近的例外,但本质上——是与法西斯主义对立的理论和实践。"[①]

我非常同意福柯的这个判断,它看到了[精神分析]学科本身。因为精神分析正是作为学科,才在本质上与法西斯主义的独裁形式以及所有与之相关的歧视(种族主义、反犹主义、仇外等)互不相容,并独立于其某些代表(在具体的历史环境下,这些人毫不犹豫地与旨在消灭精神分析的体制进行合作[②])的行为。

斯温和戈谢参照《知识的意志》而不是《疯狂史》,这使他们能够援引所谓反弗洛伊德的福柯并取消其创始著作,以便在这些废墟之上建构一个实证的学科,并将其确

---

① Michel Foucault, *La Volonté de savoir*, op. cit., 第 198 页。

② 关于这个问题,可参见:René Major, *De l'élection. Freud face aux idéologies américaine, allemande et soviétique*, Paris, Aubier, 1986. Élisabeth Roudinesco et Michel Plon, *Dictionnaire de la psychanalyse*, op. cit.

认为此后唯一一个能够严肃考虑疯狂"主体"(即民主社会的精神错乱者)而不是疯狂的学科。另一方面,因反对被视作"极权式"精神分析而进行的猛烈攻击,针对的是对弗洛伊德著作的拉康式解读,因为拉康和福柯一样,对疯狂的本性进行了一个真正的反思,而这已经有 50 年了。而在拉康学说被它无数拥护者的宗派主义丑化之际,推倒拉康学说的唯一方式,就是将其夸张的导师认作是昏暗粗鲁的斯大林主义者,也就是这两位作者对拉康的极端辱骂:1793 年的雅各宾。

这种取消拉康学说的意图清楚地表明,在《疯狂史》问世后 20 年,它在继续毒害所有那些自以为在做精神病理学新历史编纂学之人的心灵,他们自称比福柯更民主,因为福柯总是有对夜间遇难者表示同情的嫌疑,不断被怀疑要成为反叛哲学的晦暗创造者,而这种反叛哲学是用来颠覆服务于规范的心理学理想的。

简言之,斯温和戈谢将弗洛伊德的发现恶魔化,以便更好地否定《疯狂史》的历史冲击,从而给精神病理学思想的创造者们一个能够取而代之的工具。必须看到的是,这个消除福柯思想和弗洛伊德思想的做法,在法国以及在全世界都完全失败了。

福柯思想的诋毁者自此所面对的失败，可能是他们拥护对于疯狂的纯粹器质性概念的结果，这种概念由精神药理学和行为主义主宰，已经不再依赖皮内尔、疾病分类学、疯狂或任何乌托邦，也完全不依赖任何思想。从这一点来看，斯温和戈谢的书只不过是这一思想缺席的肇始时刻。何况这两位作者还赋予疯人院一个唯一的功能，即与民主乌托邦的关联，这为他们的观点逐渐消散并慢慢走向终结埋下伏笔。

那么，对他们来说，为了思考他们自己思想的这个终结以及所有思想的终结，可做的事情只剩下重新激活经验多元论了。格拉迪丝·斯温 1987 年所做的，就是给精神病学指出一条唯一可能也是最墨守成规的出路：一方面是将自身存在进行医学设备化，另一方面是承担心理问题的社会责任①。

———————————

① Gladys Swain, «Chimie, cerveau, esprit. Paradoxes épistémologiques des psychotropes en médecine mentale» (1987), *Dialogue avec l'insensé*, précédé de «À la recherche d'une autre histoire de la folie», Paris, Gallimard, 1994, 第 263—279 页。需要注意的是，在这个格拉迪丝·斯温文集的前言中，戈谢夸耀拉康的"闪耀功绩"及其"神启般的模糊性"，并同时指责德勒兹和瓜塔里具有"尼采式-海德格尔主义"。

另外，与此同时，两位顺服哲学代表阿兰·雷诺[1]和吕克·费希[2]自称是所谓（由敌视"启蒙时期"法国的恐怖主义思想家发明的）"68 思想"的猛烈攻击者，在他们的笔下，《疯狂史》被明确拉入一种新极权主义的地狱，这次不是雅各宾的极权主义，而是尼采-海德格尔式的极权主义[3]。以此为题的书让人发迹，但在这本书中，并不涉及什么使福柯真正成为尼采主义者，也不涉及福柯对海德格尔著作的阅读中到底什么吸引了他。不！"68 思想"这个术语是作为被固定的语意群而使用的，它意味着福柯已经和弗洛伊德、尼采或海德格尔的其他无声配角（雅克·德里达、拉康、皮埃尔·布尔迪厄）一起从一种极权主义走向了另一种极权主义：从雅各宾主义走向了纳

---

① Alain Renaut(1948—)，法国哲学家。1970 年前是海德格尔主义者，之后转向道德哲学和政治哲学，翻译了康德的《纯粹理性批判》和《判断力批判》，关注罗尔斯、哈贝马斯。基本哲学倾向为主体的后形而上学。——译注

② Luc Ferry(1951—)，法国评论作者，曾经是哲学教授、法国青少年及国家教育与研究部部长。认为哲学是"拯救的学说"，经常参与媒体活动。——译注

③ Luc Ferry et Alain Renaut, *La Pensée* 68, Paris, Gallimard, 1986. 关于对这本书的评论，参见：Jacques Derrida et Élisabeth Roudinesco, *De quoi demain …*, Paris, Fayard/Galilée, 2001.

粹主义。

重新来看斯温和戈谢所写的 500 页《人类精神的实践》。在这本书中，我们还记得它除了前言，只是一部关于 19 世纪精神病院机构的科学研究，两位哲学家指责福柯是蒙昧主义和反民主。之所以说福柯是蒙昧主义，因为他倾向于(所谓不平等的)"疯人船"而不是(所谓平等的)安定药;之所以说他反民主，因为他拒绝看到:现代精神病院更符合民主乌托邦，也就是更符合用道德治疗(自身包含着固有的失败)融合疯狂的计划，而不是社会排斥的逻辑。

1986 年，《疯狂史》问世后 25 年，也就是福柯去世后 2 年，人们将一个并非福柯的表达归咎于福柯，并指责他犯有一个他并未犯的罪行。人们断定他的分割系统只是"尼采-海德格尔式"选择的表达，而这个选择认为中世纪的巫师时代优于托克维尔和束身衣的时代，人们给福柯穿上虚无主义预言家的夸张长袍，认为他的任务就是摧毁我们现代社会的两大柱石:科学与民主。

福柯当然认同由于他的书与反精神病学运动的汇合而引发的战斗，他支持敌视精神病学权力(尤其是正在腐蚀民主社会的这个专家的生命-权力)的可供选择的不同网络,但因此,福柯不接受人们将他的论点化简为摩尼教①式口号。在福柯所进行斗争的过程中,他表现为商谈中的人,他始终更乐于进行辩论而不是自发的反叛行动。而在精神病学领域,福柯常常表现为改良主义者。也许这就是福柯自身写作使用诡计的一种方式,这种方式贯穿着反抗的真正暴力。

正是因为某些社会学家、哲学家、精神分析学家或精神病学家忽略了生命-权力的有害效果,在戈谢种种论点的冲击下,他们服膺于之前康吉兰所揭露的行政长官心理,他们如今成为鉴定书意识形态的奴仆。例如,他们主张对主体的探究可以通过脑部照相术,从而最终彻底达到对人的所有形而上学追问②,并提出为了能够成为真正的科学,所有的历史编纂学都应该抛除"英雄"表现的

---

① 摩尼教,诺斯替主义的波斯体系分支,往往倾向于极端二元,也就是二元体系实力相等,永远对立。诺斯替主义是贯穿在各个宗教、教派中一种共通的二元论思想,认为世界的造物主和真神并不是同一个,人类的堕落是因为神的意志被禁锢在肉身之中,回归至高神的关键在于灵知的获得。——译注

② 这尤其是以下作者的情况:Alain Ehrenberg:《Les guerres du sujet» et «Le sujet cérébral»,*Esprit*,novembre 2004,第84—85页;以及在该杂志同期发表的文章:Pierre－Henri Castel,《 Psychothérapies:quelle évaluation? ».

所有形式——这正好让人想起米歇尔·福柯所揭露的"从卑鄙统治到可笑权威中,权力的无耻"[1]。

必须看到,那些斥责福柯未能写出19世纪法国精神病学真正历史的人所梦想的这部历史,是在简·戈尔茨坦[2]笔下的英语世界中写就的。以此来看,法国那些拥护可度量主体性之社会心理学的人们,由于被戈谢、费希和雷诺的那些愚蠢指责打下烙印,总是害怕受到哲学家(福柯)晦暗诅咒的干扰,他们没有生产任何有意思的东西,即使福柯著作从那以后在整个世界散发光芒,引发了对于疯狂、身体、性、欲望和权力等多种多样、无穷无尽的阐释[3]。

---

① Michel Foucault, *Les Anormaux. Cours au Collège de France 1974—1975*, Paris, Gallimard/Seuil, 1999,第13页。福柯在这里说的是犯罪学专家。

② Jan Goldstein(1946—),美国历史学家、芝加哥大学历史系教授,专攻欧洲现代史。——译注

③ 在历史学家一边,Michelle Perrot 对福柯在刑事体系以及罪犯、边缘人处罚体系方面文本,有一些最漂亮的分析。参见: *Les Ombres de l'histoire. Crime et châtiment au XIXe siècle*, Paris, Flammarion, 2001。还可参见:Paul Veyne, « Foucault révolutionne l'histoire », in *Comment on écrit l'histoire*, Paris, Seuil, 1978。关于福柯所做的工作对性研究的可观影响,参见:Didier Eribon, *Foucault et ses contemporains*, *op. cit.*

戈尔茨坦 1987 年的著作，以 18 世纪末到 19 世纪初（从皮内尔到沙尔科）法国精神病学的诞生和发展为对象，明确地置身于福柯重要著作之发表所引发的法式争议之外。[①]

简·戈尔茨坦没有沉溺于福柯工作的重要性中，也没有固执地筛选其"错误"，而是利用这个重要工作一劳永逸地为其自身研究领域埋下伏笔：这项工作致力于扭转对疯狂的观看，并转向考问对疯子的禁闭，转向为内在于人类主体性和西方社会的理性与非理性划分限定范围。

以此为基础，戈尔茨坦完成了一个壮举，即书写了一个世纪中精神病学的总体历史：其理论关键、概念、专业化、临床分类、社会和政治参与者（医生、知识分子、病人、罪犯等）。简言之，一个引人入胜的记叙，将人们带到巴尔扎克小说叙事深处的布景之中（法国大革命、法兰西第一帝国、波旁王朝的复辟和七月王朝），表明了精神医生

---

① Jan Goldstein, *Consoler et classifier. L'essor de la psychiatrie française* (New York, 1987), Paris, Les empêcheurs de penser en rond, 1997.

如何得以成为人类行为的阐释性框架，并推广到整个西方社会。

安慰和分类：这两个构成章节名的动词指出了精神病学知识在宗教和科学之间所具有的两大功能。18世纪末的精神病医生首先是牧师的继承者，他们的角色也正是**安慰**病人。支援和同情，这是他们的首要特质。一旦世俗化，精神病人不再与恶魔附身有关；疯子因此免于遭遇驱魔者，后来成为精神病学家的医生慷慨地照顾他们，并记录他们所供认的痛苦。

但精神病学家还要与宗教蒙昧主义作斗争，作为启蒙运动者，他们捍卫科学的价值。他们还必须能够不仅分类病人，还要能够为主体的精神世界**分级**，也就是说发明能够表现世界新秩序的分类，并使新欲望能够有效地将疯子纳入来自《人权宣言》的司法空间。

戈尔茨坦的开篇是创建法国皇家医学会的1778年。著名的费利克斯·维克·达齐尔①是这个学会的常任秘

---

① Félix Vicq d'Azir(1748—1794)，法国医生、解剖学家和自然学家，被认为是比较解剖学、生物学同源理论奠基人。——译注

书，1790 年《法国医学建制新计划》(*Nouveau plan pour la constitution de la médecine en France*)的作者，他受卡巴尼斯和观念论者协会①的启发，将医学纳入关于人的新科学——人类学之中。在政治上，这涉及到与封建行会系统决裂，建立国家医业。

由大革命和第一帝国保障其成功的新医疗艺术与某种唯物主义理论——心理生理学相关联，这个理论与宗教吹嘘的灵魂之神圣本质这种过去的唯灵论概念相对立。对科学性的医学来说，人是由身体和精神现象构成的整体，但这个精神性只不过是某种生理学表现。

1792 年，过去的医学院已经被摧毁，医疗职业被定义为自由行业。1803 年，经费利克斯·维克·达齐尔的学生弗朗索瓦·安托万·富克鲁瓦②发起，负责控制教学内容的国家医学院成立。但新的职业从属于协会自由，"自由职业"的概念也由此得以定义——这个定义与

---

① Société des idéologues, 由 Antoine Destutt de Tracy 建立于 1795 年的思想家群体，这是 18—19 世纪一个建立在反一神论唯物主义基础上的哲学流派。——译注

② François Antoine Fourcroy(1755—1809)，法国化学家，国家制宪议会议员。——译注

我们今天所知道的一样。这个定义借自亚当·斯密，预设在国家被赋予的角色和自主行医之间有着清楚的分离。所有不融入这个新秩序的人都会被视作江湖骗子，会因非法行医而被起诉。

正是在这一范围内，诞生了作为医学"专科"的精神病学①。菲利普·皮内尔成为这一对疯狂持新看法的组织者，联合了**安慰**的艺术和**分类**的功能。皮内尔意义上的慰藉，就是道德治疗，并掺杂着物理照料、约束技术和温和劝服。这种道德治疗建立在这样的观念基础上，即疯子可以被治愈，因为在他们那里还有理性的留存。至于分类，则可从皮内尔 1800 年发表的《关于精神错乱或躁狂的医学哲学论》(*Le Traité médico-philosophique sur l'aliénation mentale ou la manie*)中找到答案。

这本书所定义的精神疾病范畴成为整整一个世纪精神病学知识的框架。在每次临床改编之际，"躁狂"这个术语都是作为疯狂本身之本质而被接受。皮奈尔意义上

---

① "精神病学"(psychiatrie)这个词出现于 1802 年，代替了"精神病主义"(aliénisme)这个词。

的疯子首先是躁狂型的,带有狂暴和强烈的谵妄,是直接从大革命带来的种种精神震荡中走出来的人。

简·戈尔茨坦记叙了皮内尔式精神病学之后,分析了从波旁王朝的复辟到七月王朝统治下的理论和政治争论,这也引致 1838 年法案的采纳。这个法案既使得建立国家精神病院机构(在整个国土上逐步建造精神病医院)成为可能,又使得在致力于商业和对理想家庭进行保护的资产阶级社会中定义疯人的身份成为可能。

又一次,关于疯狂本性的讨论是围绕着一个词进行的:这次不是躁狂,而是偏执。这个范畴是 1810 年由艾迪安·埃斯基洛创立的,埃斯基洛是精神病院机构创始人,他本身也是皮内尔的学生。随后,这个范畴直至 1850 年左右,一直是疯狂的范式。"偏执"这个术语指的是观念强迫,某个固定的观念掌控了健康的心灵。而在一个将国王斩首的基础上建立的社会中,它尤其表达出人们精神状态所发生的突然改变。人们给埃斯基洛意义上的疯子所装扮的偏执不是别的,正是后革命时代之社会本身"正常"抱负的病态表达,在这样的社会中,每个个体从此有权利和方式将自己视为国王或帝王——香水大王、金融大王、犯罪大王等——，这是一个跟沃特兰（Vautrin）、纽沁根（Nuncingen）和赛萨尔·皮罗多（César Birotteau）①一起，直接从《人间喜剧》（*La Comédie humaine*）中走出来的社会。

偏执概念也是另一场战斗的关键，这次是在法学家和精神错乱者之间的战斗。随着精神病学知识并入专业刑事审判，精神病学实际上寻求将疯狂概念扩展到所有犯罪行为。因此 1825 年，埃斯基洛创造了"杀人狂"这个表达，来定义会导致杀人的无谵妄疯狂形式。按照引入 1810 年刑法典的第六十四条，某些刑事罪犯从此摆脱了断头台，以便能够接受治疗②。

埃斯基洛及其学生在这里发起了一个反对死刑的斗争，这促成了法医精神病学的诞生。但这个"专家们"的论战也具有科学性质。这个论战揭示了来自启蒙时代的

①　沃特兰、纽辛根和塞萨尔·皮罗多都是巴尔扎克小说中的人物。其中银行家纽沁根现身百余次，越狱逃犯沃特兰在《人间喜剧》中被逮捕入狱后，于 1838 年出狱，并现身于《烟花女荣辱记》，在该书末章节(1847)里摇身变成知名警探。《塞萨尔·皮罗多盛衰记》则是《人间喜剧》1837 年的故事。——译注

②　关于这个问题，请参阅本书献给路易·阿尔都塞的第四章。

心理生理学模式如何在 19 世纪上半叶的精神病学知识中受到重创。实际上，1810 年至 1838 年间，两种敌视极端天主教教义的流派——生理学家一派和空论派[①]——相互对立。生理学家一派持心理生理学视角，从而主张由物理组织支配精神生活整体的一元论观点。这个流派以布鲁塞、加尔[②]、埃斯基洛和奥古斯特·孔德为代表，他们自称进步主义和无神论。另一派是唯灵论者和心理学家，显得更为保守，旨在重建国家和宗教的双重权威，宣扬经济自由主义。这一派以泰奥多尔·茹弗鲁瓦[③]、维克多·库赞[④]为代表，受德国哲学（康德和黑格尔）启发，断定心灵是自治的现实，与物理世界无关，应该用内

---

① Doctrinaire，亦称"中间派"，曾在"复辟王朝"和"七月王朝"时期的法国政治舞台上占有举足轻重的地位。这个政治派别以革新和终结大革命为己任，奉行一条介乎民主与保守之间的"中庸"路线，并提出了"理性主权"、"能力合格原则"及代议制政府等政治主张。——译注

② Franz Joseph Gall(1758—1828)，德国医生，被认为是颅相学创始人。——译注

③ Théodore Jouffroy(1796—1842)，法国哲学家、政治人物。19 世纪初在维克多·古赞主持的空论派内发展出心理学问题。——译注

④ Victor Cousin(1792—1867)，法国哲学家、政治人物。空论派首领，唯灵论哲学家，汇编了笛卡尔的著作，翻译了柏拉图和普罗克鲁斯，撰写了《18 世纪哲学史》(1829)，被认为是法国哲学史研究传统的创始人、高中哲学教育的改革者。——译注

省的方式从内部探索。

在多种多样的对峙之后，这两个流派最终采纳了来自1838年法案投票决定的"中庸之道"。这个法案极大地满足了生理学精神病学，因为疯子可以避免司法裁判；同时，空论派也对国家精神病院的创立感到满意，因为这既能与社会无序作斗争，又能矫正(创始于1833年的)小学教育未能防止的行为。

1838年埃斯基洛意义上的疯子被剥夺了公民的日常权利，与皮内尔意义上的精神错乱者已不再相同。疯子从此与其家庭分离开来，整个生活都被孤立和禁闭起来，被置于世俗化的精神病学权力控制之下。关闭和孤立：这就是安慰和分类的形象。这个从埃斯基洛去世开始的新精神医学，一直延续到1960年。这时，随着药物的普及，也就是用安定药代替了束身衣，精神病院走到了尽头。

至于生理学派继承人让-马丁·沙尔科，他将歇斯底里纳入精神病学知识，并将这种神经症、这种"半疯状态"作为世纪末新精神病的范例：它入侵女人的身体，在男性中传布混乱。而沙尔科和弗洛伊德的相遇，随后诞生了精神分析,即 20 世纪人类行为的新解释模式。

简·戈尔茨坦研究了精神病学知识(福柯在黑暗小径上大步前进的时候,这个精神病学模式就已经走向了终结,7 年后,路易·阿尔都塞体验了精神病学最后的灾难①)的来源,发起了对未来的反思。实际上,19 世纪的论战在今天依然重复着,那些相互追击的争论将遗传和精神药理学的因果关系与心理因果关系对立起来,其背景深处,不再是偏执狂或歇斯底里,而是抑郁——21 世纪黎明之际西方文化不安的最高形式。

正如所有产生深远影响的思想家——而且更甚,正如所有永远也不愿向标准化让步的思想家,福柯招人恨,就像萨特和德里达,就像阿尔都塞和德勒兹。在法国,我们已经看到,福柯被斥责为虚无主义者、反民主主义者和海德格尔主义者(即纳粹,因为海德格尔曾经是纳粹)。随后,人们又指责福柯支持阿亚图拉政权,因为福柯在德

---

① 正如我们将在本书第四章中所看到的,根据《刑法典》第 64 条,对杀害其妻子一事,路易·阿尔都塞被判定为"无须负责"。而也正是为了承担责任,阿尔都塞撰写了他的自传。

黑兰的大街上,着迷于以呼唤圣人之名反对君主的民众反抗起义,因为福柯考问某种新类型"革命"的精神意义①,考问我们是否应该给予这样一种起义特质以无条件的支持。

在美国,福柯的著作在很多大学②都得到了研究,他经常被看作是开化道德、魅力四射的毁灭者。他不仅在同性恋被认视作堕落并被法律惩戒的时代,为同性恋辩护,还在加利福尼亚的酒吧和桑拿发现了性的新体验。福柯大体上说过,施虐和受虐实践是一种创造,因此也是

① 参见:Michel Foucault, « À quoi rêvent les Iraniens? » (1978), in *Dits et écrits*, t. III, 1976—1979, Paris, Gallimard, 第 688—694 页。在首先遭到新右翼信徒以及弗洛伊德主义猛烈攻击者 Pierre Debray-Ritzen 的指责,后又遭到原中国文化大革命的崇尚者 Pierre 与 Claudie Broyelle 的指责后,福柯在 1979 年 5 月 11—12 日的《世界报》中予以反击:"令人震惊的重叠,它正好在 20 世纪的时候显现出了一个颠覆看来装备精良之体制的如此强烈的运动,它同时又与西方以前所经历的旧梦(将精神性形象切入政治基底)如此接近……我的理论道德是反策略的:当一个个体造反的时候,要表示敬意;一旦权力违背一般概念,就绝不妥协。"(*Dits et écrits*, t. III, *op. cit.*, 第 793—794 页)。也可参照福柯与 Pierre Blanchet 以及 Claire Brière 的对话,同上,第 743—755 页;以及:Janet Afary et Kevin B. Anderson, *Foucault and the Iranian Revolution*, Chicago et Londres, University of Chicago Press, 2005.

② 关于这个主题,可参见一部杰出著作:Hubert Dreyfus et Paul Rabinow, *Michel Foucault, un parcours philosophique*, Paris, Gallimard, 1984.

一种次文化,一种使用身体作为愉悦来源的新方式,他还补充了麻醉品,不过条件是麻醉品的使用不使人变成奴隶。

由于福柯不仅习惯于说这些被认为具有颠覆性的话语,还习惯于穿黑色皮夹克[1],他很快就被视作精神病人。随后,人们溯及既往地将他看作是某种杀人犯,因为他从来不进行[采取预防艾滋病等措施的]**安全性交**。控诉他的人忘了提及,在 1981 至 1984 年间,艾滋病虽然是明确可察和确认的疾病,但对于其危险性和传播模式还未被明确定义[2]。在艾滋病触及最多的同性恋群体中,很多人还否认艾滋病的存在。而我们现在知道,福柯是很晚才知道他感染了艾滋病,他在去世前几个月对乔治·杜梅泽说:"我想我染上了艾滋病。"[3]

9 年后,在詹姆斯·米勒(James Miller,纽约社会研

---

① 穿黑色皮夹克,是法国 50 年代出现的受美国服饰和摇滚影响而产生的一种青年亚文化,1958 年到 1961 年达到巅峰。这些穿黑色皮夹克的年轻人被媒体描述为反社会的集体性狂热。——译注

② 参见:Mirko D. Grmek, *Histoire du sida. Début et origine d'une pandémie actuelle*, Paris, Payot, 1989.

③ 参见:Didier Eribon, *Michel Foucault*, *op. cit.*, 第 348 页。

究新学院①)的笔下,《疯狂史》的作者完全变形为一个"反常案例"。

在《福柯的生死爱欲》(*La Passion Foucault*)②一书中,米勒受新条件疗法(这些疗法本身就建立在强奸意识的基础上③)启发,用心理自传的方法,以他自己的方式,再造了哲学家的精神世界,详尽地鉴定了那些所谓曾经困扰福柯心理的恶魔。米勒确信福柯有意感染艾滋以实现其死亡冲动,他因此推断所有福柯著作都具有自杀性神秘主义,而根据他的说法,这来源于作家埃尔韦·吉贝尔④在哲学家于萨尔佩特里埃医院临终之际所整理的三个所谓"创伤性"回忆⑤。

———————————

① The New School,始建于 1919 年,位于纽约曼哈顿的私立研究大学。1933 年建立了流亡大学和高等研究自由学院,服务于从纳粹德国流亡的学者,1934 年更名为政治与社会科学研究生院;2005 年正式启用社会研究新学院一名。——译注

② James Miller, *La Passion Foucault* (New York, 1993), Paris, Plon, 1995. 这本书也成为当时美国的畅销书。

③ 我在 *Pourquoi la psychanalyse?*(《为什么精神分析?》,同上所引)中揭露了这些方法。

④ Hervé Guibert(1955—1991),法国作家、记者,专长自传和自传体小说。——译注

⑤ Hervé Guibert, «Les secrets d'un homme», in *Mauve le vierge*, Paris, Gallimard, 1988 ; *À l'ami qui ne m'a pas sauvé la vie*, Paris, Gallimard, 1990.

吉贝尔报道的第一个"可怕透景画"展现了童年时福柯被作为外科医生的父亲带到普瓦捷医院做截肢手术的一个房间。第二个隐情中，福柯回忆了普瓦捷的非法监禁事件，并强调他作为孩子，在监禁着这些人的后院里所进行的观看，这让他经历了巨大的恐惧，而随后这则给他灌输了对多样事实的爱好。最后，吉伯特报道的第三个回忆与使福柯深感重负的威胁有关，即在法国被占领期间，在福柯所在高中出现了一批比福柯更有天赋的巴黎学生。在看到这些学生被**终极解决**[大屠杀]带走消失之前，福柯曾经憎恨和诅咒过他们。

米勒说，由于在面对截肢手术，在面对解剖尸体和对剧痛进行沉思的时候，福柯失去了男子气，被生命震慑住了，因而被其父羞辱。同样的，在非法监禁下等妓女的场景里，他也失去了对妓院、迷宫和禁闭的兴味。至于福柯对被纳粹消灭的犹太孩子的嫉妒体验，按米勒来说，这是福柯与法西斯主义作斗争的信念来源，这种斗争不仅是反对作为历史现象的法西斯主义，还是反对那些在我们不知情的情况下决定我们日常生活的力量。根据米勒的说法，无论如何，这三个被压抑的创伤性经验将福柯引向死亡崇拜的曲折道路，这是福柯的自杀激情和感染艾滋之"欲望"的唯一解释。

在这本自称对福柯的生活和著作进行弗洛伊德式阐释的愚蠢之作面前，我们感到非常惊讶。这本书只不过是在依靠夸张的假设获得最平庸的看法：每本书在起源上都是其作者亲身经历的体验。

《疯狂史》的法国诋毁者将其作者视作纳粹、虚无主义者、反民主者；对于福柯的某些美国评论者来说，他则是施虐-受虐主义的严重感染者，是一个反常案例。在福柯去世 10 年后，他成为世界上（包括在法国）作品被阅读最多以及最受崇敬的法国哲学家之一，但代价是被视作20 世纪后半叶最可耻、最堕落的思想家①。

---

① 另外，正是在这同样的视角下，人们记入了福柯关于皮埃尔·里维耶案例的诸多"错误"。参见：*Moi，Pierre Rivière，ayant égorgé ma mère，ma soeur et mon frère. Un cas de parricide au XIXe siècle*，présenté par Michel Foucault, Paris, Gallimard/Julliard, coll. «Archives», 1973. 在这里，涉及到的仍然不是在批判方法或可争议的阐释，而是在指责哲学家及其团队颂扬犯罪："……他们既不想也不能彻底颠覆他们所概述的权力，也就是说这只是在颂扬犯罪。他们满足于处在某种受克制的崇敬之中，这种态度使皮埃尔·里维耶的回忆成为几乎不可言喻的禁忌。"参见：Philippe Lejeune, «Lire Pierre Rivière», *Le Débat*, 66, octobre 1991, 第 95 页。

雅克·德里达对《疯狂史》的批判来自福柯所进行的颠覆。但这个批判不是立足于"错误"的复杂性领域或对虚无主义的斥责。德里达不仅欣然接受福柯话语的批判特质，还肯定对于所有批判话语来说，辨识该话语所负有的对批判对象的债务也是非常必要的。德里达强调，当学生的意识想要与老师的意识对话的时候，前者总是可憎的。而他也没等多久，即在1963年3月3日于哲学学院进行的题为"我思与疯狂史"①的报告中，就表达了这一意识。

论战是关于笛卡尔的我思在疯狂史视角下的地位。在笛卡尔那里，福柯区分了疯狂的练习与梦的活动。福柯强调，笛卡尔将疯狂排除在我思之外，这个排除的决定在某种程度上显示了"大禁闭"（1656）的政治决定。按照福柯的观点，梦则相反，从笛卡尔意义上来说，梦是主体潜在性的一部分，梦中可感觉到的图像在恶魔的冲击下才变得具有欺骗性。

---

① 重新发表于 *L'Écriture et la Différence*, Paris, Seuil, 1964。

亨利·古耶①拒绝在《第一哲学沉思》的著名句子（"这究竟是什么呀！这是些疯子"）中看到对疯狂的驱逐，同样的，德里达也不承认福柯有权将禁闭行为加在*我思*上。

在福柯认为笛卡尔表达了"如果人是疯子，就没有*我思*"的地方，德里达反驳道：以*我思*的行为，思想不用再担心疯狂，因为"即使我是疯子，*我思*仍然有价值"。德里达说，所以，在笛卡尔那里，疯狂是包含在*我思*之中的，而疯狂的缺陷也内在于理性。至于恶魔，按照德里达的说法，之所以被笛卡尔排斥在外，是为了更好地说明*我思*始终是真的，包括在一般性的"癫狂"语境下也是如此。因此，德里达指责福柯构造了一个结构中的事件：驱逐疯狂不是从*我思*开始的，而是从苏格拉底对智者派的胜利开始。为了在（总是有成为极权威胁的）结构整体性之外思考疯狂史，必须表明：哲学史中理性与疯狂之分割的存在，是

---

① Henri Gouhier(1898—1994)，法国哲学家、哲学史家和戏剧批判家。作为历史学家，亨利·古尔受基督教影响，特别关注笛卡尔主义、形而上学和法国唯灵论哲学。1944 年写了著名的《无神论人道主义的悲剧》，对耶稣会神学家亨利·德·吕巴克产生重大影响。——译注

以大大超出福柯所切入之系统的原初呈现为名的。

因此,德里达的立场并不是针对福柯所构造的缺少档案的疯狂领域,而是在他眼里对分割系统过于有限因而也过于结构化的阐释。这里涉及对法国结构主义历史进行内部批判的第一步①,德里达由此提出(正如德勒兹通过别的途径所做的)在所谓人文科学中解构索绪尔语言学所给予的被认为是教条的用法。从历史编纂学角度来看,德里达接近于埃伦伯格的论点:疯狂的存在于将其构造为理性之他者的古典时期行为之前。对德里达来说,驱逐是在我思之前的,而且上溯到苏格拉底;对埃伦伯格来说,疯狂是文化事实。

德里达 1963 年 3 月 3 日发表演说的时候,福柯是在场的。当时福柯保持了沉默。在将该演说诉诸文字的《书写与差异》(*L'Écriture et la Différence*)出版的时候,福柯还向德里达致以热烈的祝贺。论战是在其后爆发的,福柯 1972 年写了一篇分作两部分的回复,附在重新出版

---

① François Dosse, *Histoire du structuralisme*, t. 1, 1945—1966, Paris, La Découverte, 1991.

的《疯狂史》后面,并在献词中说:"原谅迟复"。这篇回复的第一部分包含一个对我思地位的漫长哲学讨论,第二部分则是对德里达式方法整体的一个论据十足的可怕进攻,并将之简化为"照搬字句"和"幼儿教学"。

随后,二人9年来都不再往来。1981年,德里达在布拉格与持不同政见的知识分子进行研讨会时,被逮捕并被指控进行毒品交易。福柯则在巴黎立即表示支持,并以自己的名义在电台号召人们支持德里达①。

因此,正是在这个为自由而战的风暴中,黑暗小径上的哲学家与解构哲学家言归于好,而此时,《疯狂史》正在其诋毁者笔下惨遭痛斥,并被视为反民主纪念碑②。

我本人从未与米歇尔·福柯相遇,我是通过1966年夏阅读《词与物》③了解他的著作的。这本令人眼花缭乱的书,以粗暴尖刻、极富创造性的伟大小说的方式写就,向我所在的时代,也可以说是后萨特的时代,提出了一个

---

① Didier Eribon, *Michel Foucault*, *op. cit.*, 第147页。

② 关于德里达在福柯死后向其致敬的方式,请参阅本书第六章。

③ Michel Foucault, *Les Mots et les Choses*, Paris, Gallimard, 1966.

本质性的问题:怎样从介入哲学走出来,而不转向幽灵生活或经营存在物的单调乏味?

这本书被一个愚蠢的精神分析学家①比作《我的奋斗》(*Mein Kampf*),又被指责福柯挑衅人权、不够"民主"的人粗暴批判,因为这本书通过与海德格尔的争论,重新提出了萨特在解放运动翌日提出的人道主义重大问题。

实际上,1945 年 10 月 28 日萨特发表了他著名的公共演说《存在主义是一种人道主义》②,在这个演说中,萨特推广了他在《存在与虚无》中的自由理论。在此冲力下,萨特在《现时代》③开辟专栏,就海德格尔加入纳粹党问题展开论战。所有加入论战的参与者提出的是这样一个问题:海德格尔的立场应该归咎于一时的错误,还是其哲学方向的逻辑出路——以崇尚重拾人之根基为名,最终在纳粹主义中找到适于其寻问的拯救学说?

有的人主张海德格尔的参与行为只不过是一个意外,这无损于其哲学著作的本质;有的人则相反,断定这

---

① Gilles Deleuze, in *Foucault*, *op. cit.*, 第 11 页,此书对此有所揭示。

② Jean-Paul Sartre, *L'existentialisme est un humanisme*, Paris, Nagel, 1946.

③ *Les Temps modernes*, novembre 1946—juillet 1947.

个参与行为根植于一个与纳粹主义根源相同的基底。

我们知道,海德格尔是"在元首指挥下工作"(*Führe-rprinzip*)①(尤其是在大学里)的大传道者之一。二战后,海德格尔得到法国哲学家让·博弗雷(Jean Beaufret,曾是反纳粹抵抗者)义无反顾的支持,博弗雷也向海德格尔许诺掩盖其拥护纳粹主义的程度。因此全靠博弗雷,在法国,人们在很长一段时间里,都忘了海德格尔的参与问题已经存在却并没有就此解决。因为实际上,不可能否认海德格尔哲学对纳粹主义忠诚的程度,但也完全不可能将海德格尔的思想化简为党卫军军官必读书的简单表达②。

---

① 关于这个问题,可以参考一个里程碑式研究:Ian Kershaw, *Hitler*, 2 vol., Paris, Flammarion, 2004.

② 这段历史在如今为人熟知,但它还在引起多种多样的阐释。参见:Dominique Janicaud, *Heideggeren France*, 2 vol., Paris, Albin Michel, 2001. 只有 Emmanuel Faye 在近期的一本关于海德格尔纳粹主义的著作中,实际上包含了新的、无可争议的和让人难以忍受的信息,这本书将海德格尔的思想化简为纳粹意识形态,以至于肯定说海德格尔思想不应该再作为哲学进行讲授,因而,那些解构主义者和其他反人道主义者(从福柯到阿尔都塞,经由德里达以及出自此学派的美国大学学者)只不过是海德格尔式解构(Destruktion heideggerienne)的门徒。参见:Emmanuel Faye, *Heidegger. L'introduction du nazisme dans la philosophie*, Paris, Albin Michel, 2005, 第514—515 页。关于让·波弗莱、海德格尔与拉康的关系,参见:Élisabeth Roudinesco, *Jacques Lacan*, *op. cit.*

还是在《关于人道主义的书信》(*Lettre sur l'human-isme*)①中,海德格尔将人道主义——尤其是存在主义——的所有形式视作(沉溺在由技术及其进步幻象决定的生存之萎靡不振中的)现代人的新形而上学。

而人们斥责福柯的那种反人道主义,和路易·阿尔都塞一样,则完全是另一种性质,尽管这个问题在法国所延展的争论也是始于萨特和海德格尔的论战。有人说,如果欧洲最先进的文明能够用奥斯维辛来实现无以匹敌的摧毁和自我摧毁的力量,那么这意味着非人性——也就是死亡冲动——在人类本身之中而不是在人类之外,在人类最深处隐藏着难以置信的动物性。

所以,人道主义话语本身就包含着对其自身价值进行毁灭的可能病原,列维·斯特劳斯也说:"西方人道主义将人从其他造物中孤立出来,放入一个另外的视角之中,这其实剥夺了人的保护坪。从人不再知道其力量的界限开始,他就开始自我摧毁。看看那些用于种族灭绝的集中营,再看看另一幅景致,但这次是对整个人类都有

---

①   Martin Heidegger, *Lettre sur l'humanisme*, Paris, Aubier, 1957.

着悲剧性的结果:污染。"①

对福柯来说,正如德里达和德勒兹一样,需要不断地追问人权、人道主义和民主的理想,以便更好地在那些自称为西方文化最精致表达的内部,揭露某种模糊力量——有时也是我已经提及的那种日常的和被掩盖的小小法西斯主义②——的痕迹,这种力量总是有可能威胁到这些理想的脆弱平衡。

在《词与物》中,福柯展开了一种令人震惊的渊博。至于其中心论题,则是让人思考:在人已经通过生命诸科学的进步,变成认知对象和自我之谋杀者的世界,人类的命运是什么?

通过这个对人道主义的批判,福柯反海德格尔思想而行之,使得也曾是法兰克福思想的倾向获得重生:创造一种批判思想,它不仅能够分析工业社会运行中的权力机制,还能够实现抵制生物学化心灵的种种方式,它既不听任屈从,亦不出卖给建立在良知和理性基础上过于简

---

① Didier Eribon, *De près ou de loin. Entretiens avec Claude Lévi-Strauss*, Paris, Odile Jacob, 1998,第225—226页。

② 本书献给吉尔·德勒兹的第五章还将讨论这个问题。

单的人道主义。

正如西奥多·阿多诺和马克斯·霍克海默，他们也曾质问过理性的界限，但福柯是通过不同的行动来给世界秩序找麻烦，以此来让这个秩序表面上的统治力涌现出其晦暗、无序和异质的部分[①]。

福柯也坚决地投入到概念冒险之中，将人文科学的概念性本身变成激情的对象，并邀请在世俗和共和制大学中培养的整个一代来以批判的方式反思。福柯说，人文科学以生命诸科学为榜样，很可能将人化约为对象，而这有摧毁人的危险。从这一角度来看，《词与物》包含着《疯狂史》逻辑的延续："疯狂史是*他者*的历史，是同时内在和不相干文化的历史，因此它是驱逐（为了避免内在危害）但又是禁闭（为了缩减相异性）的历史；事物秩序的历史将会是*同一*的历史——是同时发散和隶属的历史，因此需要通过标记予以区分，并在同一性中予以汇集。"[②]

在这一视角下，福柯给予精神分析、语言学和人种学

_____

[①] Martin Jay, *L'Imagination dialectique. Histoire de l'école de Francfort 1923—1950*, Paris, PUF, 1977.

[②] *Les Mots et les Choses*, *op. cit.*, 第 15 页。

以优先地位，福柯说，这些学科废除了人的概念，且不打算将人重构为可观察的实证性。这就是这本书最后几行的深刻含义，而这最后几行，尤其是被萨特和更多其他人理解为反动宣言，敌视所有形式之人道主义和存在参与："……那么，我们可以肯定，人会消失，如同大海边际沙子铸就的面孔一样。"[1]

康吉兰反对萨特，因为康吉兰既不能原谅萨特在占领时期的态度，也不能宽容他的主体哲学，因此，康吉兰极力为福柯辩护，重申（正如他从未停止谈论）卡瓦耶"凭借参与了有着悲惨经历的历史直至死亡，而预先驳斥了那些寻求让结构主义名誉扫地的理由——即斥责结构主义在实现面前所产生的（包括其他危害）消极性"[2]。

这个过去的抵抗者成为了科学史上伟大的法国导师，他向黑暗小径上的哲学家所致以的敬意，清楚地表明：福柯对概念所投入的激情，是重新给予 60 年代知识分子一代以思想英雄主义品味的最有生命力的方式之一。

---

[1] *Les Mots et les Choses*, *op. cit.*, 第 398 页。

[2] Georges Canguilhem, « Mort de l'homme ou épuisement du Cogito», *Critique*, 242, juillet 1967.

第四章
路易·阿尔都塞:杀人场景

阿尔弗莱德·希区柯克将杀人场景转化为爱情场景、将爱情场景转化为杀人场景。每部电影中,悬疑大师都以猎物袋的方式,将旁观者置于困扰境地,因为他使旁观者一会儿变成一桩罪案的罪人——而实际上旁观者只是罪案潜在的见证人,一会儿变成一段肉体关系的主角——而从定义上来说,旁观者无论如何也不可能参与其中。至于希区柯克式的英雄,刽子手或受害者、魅力王子或灰姑娘、间谍或杀手,他们总是从路过到行动之逻辑的牺牲品,这种逻辑使他们变得与自身无关,失去了所有心理稳定性。希区柯克是无意识、压抑和拜物教电影艺术家,他将梦拍成现实,将欲望拍成崇高与卑鄙之间的反常。

当然,一开始就将路易·阿尔都塞的自传《来日方长》(*L'avenir dure longtemps*)①与希区柯克的叙事相对照可能会令人气愤。然而,在阅读这本传记的时候,我们体会到一种和放映《西北偏北》(*North By Northwest*)、《惊魂记》(*Psycho*)或《艳贼》(*Marnie*)②一样强烈令人不安的奇怪印象。

1985年,阿尔都塞通过《世界报》记者克洛德·萨罗特(Claude Sarraute)的文章,了解到佐川一政(Issei Sagawa)的故事,即这个日本凶手杀害了一名荷兰年轻女性,并将其尸体分解、吞食;之后,阿尔都塞决定将他杀死妻子埃莱娜·里特曼(Hélène Rytmann)③的场景写下来,

---

① Louis Althusser, *L'avenir dure longtemps*, suivi de *Les Faits*, Paris, Stock/IMEC, 1992. Yann Moulier-Boutang 与 Olivier Corpet 作序。

② *North by Northwest*(《西北偏北》, 1959)、*Psycho*(《惊魂记》, 1960)和 *Marnie*(《艳贼》, 1964)都是希区柯克执导的惊悚悬疑片。——译注

③ Hélène Rytmann(1910—1980)阿尔都塞的妻子,她保留了自己抵抗时期的姓(Legotien〈乐果天〉)。她被安葬在[巴黎市郊的]巴纽(Bagneux)公墓专门留给犹太人的区域。

以此方式来重构自我。由于在事发之时,佐川一政处于精神错乱状态,根据《刑法典》第六十四条①,他在法国享受免予起诉,并接受精神病治疗的待遇,随后回到日本。奇怪的是,在日本,他的精神得到放松,并被宣告"正常",也就是对他的行为负有责任。但他并没有像受害者可怜的父母所要求的那样受到审判,而是获得自由,并加入到色情电影演员和畅销书作者的行业中。佐川一政关于他的罪行解释说:这个年轻的女人在被杀害的时候没有遭受痛苦,食人则是爱的行为。随后,佐川一政被看作是犯罪方面的真正专家,一有谋杀发生,就有媒体向他请教权威观点。

在克洛德·萨罗特的文章中,萨罗特以恶毒的方式将佐川一政与阿尔都塞进行比较,她说:"……在各色媒体中,人们一看到知名人物与多汁的诉讼牵扯在一起,比

① 第六十四条规定:"刑事被告在行为时处于精神错乱状态,既无重罪亦无轻罪。"依据1992年7月22日的法律,这个条款被第一百二十二条替代,后者规定:"在事实中,精神或神经心理混乱隐蔽地改变或妨碍了其行动的控制,该行为人在刑事上无须负责。在事实中,精神或神经心理混乱隐蔽地改变或妨碍了其行动的控制,该行为人仍然应受处罚:但法院在决定处罚的时候,应对这个情况予以考虑,并据此确定适用制度。"

如阿尔都塞，奥尔良的蒂博①，就会将一切变成封面文章。受害者？连三行都不值得写。名人，竟然是罪犯。"②

这篇不怀好意的文章作者强调的是有道理的，但她甚至都没有察觉到，在那些重大的刑事诉讼中，犯罪人一定是英雄，因为这样的犯罪人责令人们去体察正义和受害者。一个没有被认为是疯子却逃脱正义的犯罪人，实际上永远也不会成为英雄。同样，在权利国家的社会中，犯罪人可以在下面两种情况中做一选择：一个是成为不受处罚的人，这将迫使他成为永远的匿名者，也就是说走向卑劣、逃跑和软弱的命运；另一种是面对将其视作行为人的法律，也就是说作为权利主体去面对法律。正是以此为代价，且仅仅以此为代价，犯罪人——即使是犯罪人中最恶劣的——能够与其命运和解。

从这一点来看，克洛德·萨罗特忽略了佐川一政的

① Thibaut d'Orléans(1948—1983)，奥尔良家族成员之一，法国作家。奥尔良家族经历了五代王朝，从1344年法国国王腓力六世为其第五子封地奥尔良开始，就有了奥尔良公爵这个贵族爵位，这一称号主要授予王室的亲王。——译注

② Claude Sarraute, «Petite faim», Le Monde, 14 mars 1985.

案子与路易·阿尔都塞的案子毫无相似之处。佐川一政虽然被认为无须负责，但他依然因一个谋杀行为而是"有罪"的，因此，佐川一政被强制在精神病院里并接受治疗。根据法国的法律，他因此成为对其行为无须负责的有罪之人，也就是一个被认为是精神病人的主体。但回到自己的祖国后，他本应继续被如此对待[强制在精神病院里]，但他后来被认为对其行为负有责任，就被[精神病院]释放了，却也没有再被审判，这实在是荒谬。因此，他不是成了一个犯罪行为的英雄——在这个犯罪行为的意义上，他逻辑上应该通向判刑和监禁的命运——，而是成了一个同时有罪、无须负责、有责任和邪恶的人物。他是一个罪行不予制裁的罪犯，无须负责；在日本法官的判决下被宣称为"正常人"，因此判定为对同一罪行负有责任，这使他反而成为媒体人物；说他是恶人，因为事实上，他被公众意见授予扮演犯罪专家的角色。被视作疯子，佐川一政可以逃脱司法裁判；但宣称不是疯子后，他就应该被审判。

因此，在这段历史中，日本的司法裁判使自己成为一个真正的罪人，因为它允许一个凶手不仅逃脱所有法律制裁,还允许这个凶手将自己的行为转化为精神病学知识入门课。

　　我们可以理解,在看到这样的故事后,阿尔都塞感到强烈的惊骇。因为我对此亲眼见证,所以我可以说他对这个混乱有多么痛苦。有人竟然敢将他与这样一个成功逃脱人类司法裁判的罪犯相对照,还将他的情况与之进行戏谑地模仿,而其实他的命运与佐川一政是完全相反的。当然,食人的日本人与这位哲学家一样,是以同样的名义重获自由的。但前者,一旦被认为"正常",竟然能够颇为嘲讽地将其行为的重心转化为骇人听闻的爱情见证;而后者,因为被专家确定为精神病人,却从未能够对一个他自己承认并感到有罪的行为,承担完全的精神和司法责任。1985 年使阿尔都塞倍感痛苦的是,因为有一条法律确认"嫌疑人在行为时处于精神错乱状态时,既无重罪亦无轻罪",他的行为因而就被掠夺而去,他也丧失了诉讼的权利。

　　刑法第六十四条从 1810 年被引入《刑法典》,其后尽管有无数改革的尝试,还是从 1838 年不断延续下来,只是到了 1992 年才有所修改。这条法律允许被判定为疯子的罪犯免于死刑。就像来自埃斯基洛传统的伟大精神病医生所期望的,这条法律的功绩就是标志了废奴主义漫长历史中决定性的一步。

1980 年 11 月,路易·阿尔都塞勒死妻子的那一天,法国的死刑还没有废除。然而,刑法第六十四条已经失效并且被宣告废除,因为它不管嫌疑人的供认内容如何,实际上剥夺了嫌疑人的所有言论权利。

换句话说,因为这条法律,任何被认为是疯子的嫌疑人,即便承认罪行(但在法律上又会被取消),还是会被认为无须负责;随后又被判定为不应受罚,因为这样的罪行在法律上不存在。最后,嫌疑人可以自动享受免诉,其结果不仅是将其罪行历史从人的记忆中取消,还是将其视为非权利主体,也就是"离世者"[①]:"……对于某些新闻报道培养的常识来说,它们从来不对短暂性激烈'疯狂'与作为命运的'精神疾病'做以区分,疯子一下子就被视作'精神病人',而精神病人的意思显然就是病人的意思,

---

[①]　Louis Althusser, *L'avenir dure longtemps*, *op. cit.*, 第19页。关于这条引用,请参阅本书第三章,第139页。

结果就是可以被关进精神病院,且一生都被关在精神病院,如同德国新闻报道所说的'活死人'(Lebenstod)"①。

12 年来,那个于 1980 年 11 月 17 日凌晨,发生在巴黎高师乌尔姆大街公寓里,多年来归因于阿尔都塞的杀人场景,既不为人知,也未被解释、不被谈论,甚至无人阐释。在 1992 年阿尔都塞的遗著《来日方长》发表以前,谁也不知道怎么会发生这个行为片段。这个杀人场景被埋没在医院管理的档案中,因此也被撤销、抹杀、遗忘和压抑,与此同时,其作者在被整个世界的赞美或憎恨之后,进入了幽灵般的生活。

公众和新闻界唯一知道的是尸检和精神病学鉴定结果。因此,我们知道艾莱娜·里特曼确实是被勒死的,喉部破裂,两根甲状腺带断裂,没有任何外部可见痕迹。随后,我们还知道三位精神病学专家——塞尔日·布里翁(Serge Brion)、阿兰·迪德里希斯(Alain Diederichs)和罗歇·罗佩尔(Roger Ropert)——宣告运用刑法第六十四条,认为"用手勒死妻子的行为,发生在抑郁的复杂医

①　Louis Althusser, *L'avenir dure longtemps*, *op. cit.*, 第 18 页。

源性梦幻期间,没有其他附加的暴力。"

大多数文化新闻记者远没有诉诸这样的表达,而是极有分寸地强调阿尔都塞得了躁狂-抑郁症,正处于强烈的忧郁危机过程中,甚至在没有察觉的情况下把妻子勒死了①。当时,有些记者也毫不犹豫地把这个悲剧变成一个斗争的关键,这个斗争反对的(在他们眼里)不仅是真正的丑行,还是文明的危险。

当然,谁也没有《分钟报》(Minute)的专栏记者离谱,因为这位记者得意洋洋地宣称"'超级变态'表现出他(阿尔都塞)独一无二的共产主义惊人缩影……这个共产主义者从哲学的迷雾开始,在大木偶的卑劣中得以完结……如果他不是动不得的人物,他本应该被禁止教学,仅仅因为他是共产主义者这一点就足够了。"②

多米尼克·雅梅(Dominique Jamet)的方式则显得更为巧妙,但也更为恶毒。他想象这是一个经过法国共产党和某些知识分子策划的"密谋",这个密谋是为了避

---

① 主要出现在《世界报》、《解放报》、《晨报》和《新观察者》。
② 转引自:Robert Maggiori, *Libération*, 18 novembre 1980.

免被判定为"凶手"的阿尔都塞遭受警察盘问的烦恼。他大体上是这样说的:那么,狂热追求平等的门徒们是否在法国成功地建立了相当于过去贵族的特权:"凶手不是不知名者,不是偶遇之人,不是无关紧要的人。他曾是巴黎高师(也是案发之地)的学生,也是巴黎高师的总秘书,知名的马克思主义理论家,共产党的杰出成员,无数权威著作的作者,他也是法国知识分子建构中的卓越代表。他在有权者的一方……所以,朋友们、医生们和权力机关的公务员们在他周围安排了这个密谋,目的是为了让他避免留给他的烦扰、折磨和凌辱……他们把他送上汽车,逃避了软弱的警察,慢慢地,如果他们有能力的话,他们也会让他摆脱了新闻界,但这似乎不太奏效……必须知道,从舒瓦瑟尔·普拉斯林①公爵杀害妻子的时代以来,什么都没有改变,除了现在是这些知识分子在扩充贵族的行列:在这个行列中,除了大革命时期,我们从未看到任

①　Charles de Choiseul-Praslin(1805—1847),法国贵族、政治人物。舒瓦瑟尔·普拉斯林公爵的儿子,奥尔良公爵夫人的荣誉骑士。1847年8月17日用刀杀死了妻子,很快被警察逮捕。但因为被自己的行为所震惊,且不想让孩子遭受耻辱,他同年8月24日在监狱等待审判的时候,服用大量砒霜而亡。——译注

何高贵的头颅来装点我们的灯笼。"①

在多米尼克·亚麦所暗示的那些作为共产主义阴谋的密谋者和同谋者中,特别包括雷吉斯·德布雷②、艾蒂安·巴利巴尔③、雅克·德里达,他们是最早与医生皮埃尔·艾蒂安和让·布斯凯④一起将阿尔都塞转移到圣·安娜医院的人。的确,考虑到阿尔都塞的过去,他直接被关入精神病治疗机构,并没有事先由当地警察审理。他没有毫无遮盖地停留于只有简单床垫铺在地上的牢房里。他没有因为承认杀人(在那样的环境中,只有他一个人可能做这件事)的简单事实而遭受审问。

这就是阿尔都塞所享受的"特权",这引起司法部长罗歇·佩尔菲特(Roger Peyrefitte,曾是巴黎高师学生)的极大愤怒,他希望反精神病学家的意见将阿尔都塞视

---

① Dominique Jamet, « Le crime du philosophe Althusser », *Le Quotidien de Paris*, 24 novembre 1980.

② Régis Debray(1940—),法国作家、思想家、媒介学家。曾是巴黎高师学生,1965 年获得哲学教师资格,并赴古巴玻利维亚追随切·格瓦拉。1998 年任巴黎国际哲学院教学计划负责人。2002 年领导创办欧洲宗教科学院。——译注

③ Étienne Balibar(1942—),法国哲学家。1965 年与阿尔都塞及其他几位作者合著《阅读〈资本论〉》。——译注

④ 让·布斯凯当时领导巴黎高师。

为不适用刑法第六十四条的普通罪犯甚至凶手。可能那时司法部长和记者一样，都忽略了路易·阿尔都塞本人本来是更倾向于在刑事法庭上对其行为负责——哪怕需要执行死刑，而不是让精神病学专家剥夺他的言论、历史和行动。

事实上，这个民粹主义和报复心切、反精英主义和反智的话语——在这个时代遍地都是，而且随后还不断扩张①——，意即阿尔都塞所犯的杀人罪行，在那些被反抗意识的仇恨所支配的人眼里，只不过是另一个更为可怕

———————————

① 当代对阿尔都塞憎恶至极以致可获棕榈奖的，当属 Pierre André Taguieff。他在一本假装宣告废除反犹仇恨的著作中（而这只不过是一种对与他思想不一致的人所进行的警察式咒骂），他重新以他的方式提出了这样一个观点：哲学家在预谋暴行之后，受到了特别保护，并继续进行教学，在这个教学中，他以积极方式将罪行与革命相关联。与此同时，他将哲学家[阿尔都塞]的亲近之人以及所有 68 年"五月风暴"的造反者，等同于有反犹主义倾向的恐怖分子，他写道："最后，巴里巴尔是其导师和朋友阿尔都塞最后的忠实信徒之一，他必须提醒人们注意——不顾问题的锁闭——阿尔都塞在'某种疯狂发作'（正如他所说的）中杀死他的伴侣之后，已经被禁闭起来。"Taguieff 小心翼翼地避免说阿尔都塞是反犹主义者，但他以否定的形式，让人认为阿尔都塞无论如何有可能是因为埃莱娜是犹太人才杀死她的："被害者的犹太出身似乎不构成谋杀的决定性因素。重点在别处：人们总是假设，如果杀人者表现为'革命家'或处于'高尚的阵营'，他们就总是可宽恕或情有可原的。"参见：*Prêcheurs de haine*，Paris，Mille et Une Nuits，2004，第 317—318 页。

罪行的可见部分。

阿尔都塞被认为是马克思主义的最后一个伟大思想家，在 1960 年至 1975 年间，**在一个政党的内部**，他被视作是给予乌尔姆大街的知识分子精英以（建立在概念哲学基础上）参与革命之欲望的人。在其诋毁者眼里，则更糟糕，阿尔都塞将马克思主义与共产主义一起写进了哲学史[①]。阿尔都塞也被认为犯有三重罪：第一重，因为他使得被判定为对古拉格负有责任的思想在哲学上是合法的；第二重，因为在批判斯大林主义之后，他竟敢把中国的"文化大革命"看作是一个同时能够颠覆资本主义社会和斯大林式社会主义的事件[②]；第三重，最后，人们说，因为他在共和国最美丽的机构之一引入了一个罪恶的意识

[①] 参见：Étienne Balibar, *Écrits pour Althusser*, Paris, La Découverte, 1991，第 119—123 页。

[②] 参见：« Sur la Révolution culturelle », in *Cahiers marxistes-léninistes*, 14, nov.-déc. 1966. 这篇文章由阿尔都塞不具名发表。这个文本带有巨大的政治幼稚性，它与随后人们所肯定的相反，既没有屠杀工人阶级"敌人"的号召，也不包含阶级斗争观念的"激进主义"概念，阿尔都塞写道："在任何情况下，即使是为了反对资产阶级的敌人（罪行已由法律制裁），我们也不应该适用'打击'和暴力，而是用理性和劝说。" 参见：Éric Marty, *Louis Althusser, un sujet sans procès. Anatomie d'un passé très récent*, Paris, Gallimard, 1999，第 141—145 页。

形态,他败坏了法国的年轻一代精英。这样一个由精神病人组织的如此灾难性的冒险,随后以杀人行为告终,一点儿也不让人感到奇怪。

1980年11月后,人们说必须忘了阿尔都塞,忘了他的杀人哲学①,忘了将他引向非理性地狱的行为。这个指令同时预设人们应该忘记或驱逐哲学家的教诲给一代人所带来的一切。

正如萨特一样,阿尔都塞在走出信奉天主教的青年时代后,实际上是反己而行之,也就是说反对这个现实中的社会主义,反对这个他原先准备无论好坏都要继承的社会主义。当然,阿尔都塞冒着漂泊、有时可笑甚或引起公愤的危险,从未停止将列宁或毛泽东的文本纳入哲学性概念的传统中,而这个传统则是以康吉兰和巴什拉、斯宾诺莎和黑格尔、孟德斯鸠和弗洛伊德为荣的。

---

① 在《68思想》一书中,费希和雷诺倾向于不为阿尔都塞所做的贡献专立一章,因为他们认为"60年代的法国马克思主义是在布尔迪厄的工作中,才继续在知识分子领域占有一席之地。而阿尔都塞主义,即使通过阿尔都塞的学生们,也显得过于陈旧,它像披头士的音乐或戈达尔的早期电影一样,难免让人想起一个近前但又已过气的过去。"(第240页)至于弗朗索瓦·弗雷,他指责福柯和阿尔都塞将资本主义社会表现为极权系统。(*Le Passé d'une illusion*, *op. cit.*)。

但这在某种程度上是必须付出的代价,因为为了尝试证明马克思主义(可能)可以是与教条的简单重复不同的事物,与纳粹主义(经常被人与之相提并论)不同的事物。斯大林主义是某个进步与平等理想(共产主义)的转向,纳粹主义只不过是建立在种族和血统崇拜上种族灭绝意图的实现。另外从这一点来看,一个理想转向其反面,总是比实现一个除了大屠杀从来没有别的目的的计划,要更为严重、更为艰难。因为这样一个转向不仅摧毁人的身体,还会对人的梦想和想象产生极大伤害。

阿尔都塞宣扬马克思主义理论的自主性,他想将之变成以辩证唯物主义组织起来的政治科学。他也将这一理论与建立在主体基础上的主体哲学相区别。阿尔都塞是马克思主义[理论]的哲学家,而不是[具有]马克思主义[信仰]哲学家,他强调革命实践继而[随之而来的]主体性参与是不能化简为自我意识的。所以有了他对古典人道主义的批判,所以有了他对"理论性的反人道主义"的推崇,对作为"既无主体亦无目的之过程"的历史概念的推崇。正如康吉兰和福柯那样,阿尔都塞以拉康重新阐释的弗洛伊德式无意识理论为依据,痛斥行为心理学的所有形式,并强调政治实践只有在表达了一种能够脱离思辨性形而上学的概念哲学基础之上,才是有意义的,这种政治实践是要通过战斗成为理论中阶级斗争的工具。

阿尔都塞从来不是严格意义上的海德格尔主义者,也完全拒斥让·博弗雷的方法,所以,阿尔都塞是以反萨特式存在主义的方式,来利用出自《关于存在主义的书信》的一个概念。对阿尔都塞来说,理论上的反人道主义以及拒斥主体性在历史中的僭越,这涉及到将心理体验的所有形式排除在政治参与之外,并再次表明概念哲学在此领域对于意识哲学的优越性。正如我们会看到的那样,这有可能会取消主体概念本身,并将这个概念溺死在极权类型的逻辑结构之中。

通过他的朋友雅克·马丁(Jacques Martin,哲学家、巴黎高师人),阿尔都塞发现了卡瓦耶和康吉兰的著作,他们使阿尔都塞准备提出他对马克思著作的解读,从而进行某种概念哲学和介入哲学的结合。也是通过马丁,阿尔都塞认识了福柯,他在巴黎高师的工作也在一定程度上转向了福柯,他与马丁一起编织了建立在与疯狂史有共同归属基础上的关联。阿尔都塞最后把《保卫马克思》(*Pour Marx*)献给了马丁,他没能阻止马丁自杀:"他(雅克·马丁)成了一个在其潜伏的精神分裂中痛苦但又热情的同性恋者,一个不可比拟的朋友……米歇尔·福柯和我一样爱他。"①

阿尔都塞了解了《疯狂史》后,又了解了《临床医学的诞生》,他明白在这两本令人眼花缭乱的书中,存在着一条他愿意依附的真正思路,依据这个思路,他就可以应用某些可以将马克思主义变成历史理论的概念。而且,阿尔都塞还从福柯昏暗的语言中发现某种思索,这迫使他以哲学的方式面对他自身忧郁的现实,这个不断被他遗忘的现实,使他沉没在理性中的现实。因为这个未来的马克思主义哲学家,首先以及首要地,是一位忧郁的哲学家,他的忧郁被改换和掩盖在其他疾病之下②,或者以他自己的名义被精神病学话语删减,阿尔都塞1962年9月给弗兰卡·马蒂奥纳(Franca Madiona)的信中写道:"读

---

①　Louis Althusser, *L'avenir dure longtemps*, *op. cit.*, 第152页。

②　Yann Moulier-Boutang, *Louis Althusser. Une biographie*, Paris, Grasset, 1992, 第147页左右。

完这本书,使人目瞪口呆、颇感震惊,太好了,混乱但光明,充满洞见和闪光、黑暗的表达和黎明的曙光,这本书像尼采一样晦暗,但又像公式一样明亮……"①

在 1962 年至 1963 年间,阿尔都塞因其巴黎高师学生的意愿而组织了一个关于结构主义的研讨会,他自己则做了一个关于《疯狂史》的报告②。

阿尔都塞甚至在进入精神病禁闭的地狱般循环之前,就已经面对了监禁。在里昂让·吉东(Jean Guitton)的高师预备班之后,阿尔都塞本来在 1939 年 21 岁的时候就可以进入巴黎高师。但取而代之的是,他被动员成为卢瓦河畔的军校学生,后被疏散到瓦讷(Vannes),又成为德军俘虏。他因此在靠近德国石勒苏益格的斯塔拉格X－A 战俘营③做了 5 年战俘,期间没有选择参与任何活动。对这样一场战争,他只了解其最为荒谬和凝固的表

① Louis Althusser, *Lettres à Franca*(1961—1973), Paris, Stock/IMEC, 1998, 第 215 页。

② 我在《法国精神分析史(*Histoire de la psychanalyse en France*)》(第二卷,同上所引)中对此有所叙述。

③ Stalag XA,第三帝国的战俘营斯塔格拉(X－A 为编号),斯塔格拉专门关押士兵和下士,共有 54 个。——译注

面,但这场战争对于他所在的一代哲人来说,又是如此具有决定性。所以,阿尔都塞已然是经历了某种内在风暴的俘虏,即使没有被怀疑与敌军合作,但同时被剥夺了荣耀和英雄主义的可能①。正是在这个屈辱的、伴有忧郁期的战俘经历中,他放弃了他来自保皇主义者的全部天主教信仰,加入了法国共产党(一个当时会被枪毙的政党)的行列:"正是在战俘营,我第一次听到一个在转押中的巴黎律师谈到马克思主义——我认识了一个共产党员,仅仅一个。"②

　　60年代,阿尔都塞开始真正从事加强共产主义运动理论的工作,他的两本主要著作《保卫马克思》和《读〈资本论〉》(*Lire « le Capital »*)③一出版,就被翻译成多国语言。这位马克思主义的哲学家被他的高师学生包围着,对于国际共产主义运动的活动分子来说,他不是一个只

----

　　① Louis Althusser, *Journal de captivité. Stalag XA*, 1940—1945, Paris, Stock/IMEC, 1992.

　　② Louis Althusser, *L'avenir dure longtemps*, *op. cit.*, 第102页。

　　③ Louis Althusser, *Pour Marx*, Paris, Maspero, 1965 ; *Lire « Le Capital »*, Paris, Maspero, 1965,与艾蒂安·巴里巴尔、罗杰·埃斯塔布莱、皮埃尔·马舍雷和雅克·朗西埃合著。

懂得结结巴巴背诵教条和口号的政治领袖，而是救世主式的新马克思。一个乌尔姆大街之人，被赋予了用严格和集体性教学的方式来唤醒世界之灵魂的任务。

但由于这个对反抗意识的伟大召唤发生在这样一个特定的时刻，即共产主义已成为内部瓦解过程的囊中之物，阿尔都塞的言词似乎是在强迫自己：要么成为闪耀的理论主义者，要么就只不过是漫长忧郁悲叹的一个结果。这些言词必须同时是激昂的和短暂的，就好像甚至在体现于历史进程中之前，或在有时间给自己创造出一个遗产之前，这些言词就已经被记忆的沉默和死亡的空洞侵袭了。

我们知道 19 世纪所有重要哲学体系的构造都像是古希腊悲剧，因为它们都出自 1789 年法国大革命的伟大戏剧。如果拿破仑 1808 年能够在歌德面前断言：政治是欧洲人未来的命运，那么这说明从此以后，悲剧不再表现于人神冲突，而是表现在人自己所采取的继上帝和君王之后的行动，人要亲手书写自己和民族的历史。

阿尔都塞是这些体系的继承人，但他要打破这些体系的教条，他试图将 20 世纪后半叶的共产主义看作是某种革命英雄主义的可能更新,哲学就是这个革命英雄主义新的伟大舞台,一个身体、无意识和出格的舞台,一个现实与运动的舞台。阿尔都塞因而主张这个更新有能力"抛弃它的意识形态梦想,转向对现实本身的研究。"①雅克·德里达说:"在那些别人可能比我对他更为了解、比我更加亲近的东西面前(也许正因为是这样的他使我着迷),我最喜欢阿尔都塞的一点的是:对伟大、对某种伟大、对政治悲剧伟大戏剧的感知和品味,在这个伟大剧场里,出格毫无怜悯地利用戏剧演员们私人的身体,并将之引入歧途或摧毁。"②

这种戏剧感对于阿尔都塞来说是一种更新卡尔·马克思姿态的方式。这位资本主义的未来理论家正是以此姿态,在阅读路德维希·费尔巴哈著作,并撰写《1844年政治经济学手稿》(*Les Manuscrits économico-philosophiques de* 1844)的基础上,脱离了黑格尔哲学,从对历史运动的抽象概念转向革命参与,马克思曾说:"哲学家不能只是

①　Louis Althusser, *Pour Marx*, *op. cit.*, 第19页。

②　Jacques Derrida, *Chaque fois unique la fin du monde*, présenté par Pascale-Anne Brault et Michael Naas, Paris, Galilée, 2003,第149页。

解释世界,还要改造世界。"①

　　预审结束后,法官居伊·若利宣布由警方拘禁的一个被捕者将在释放后予以免诉。因此,路易·阿尔都塞失去了他所有的公民权利。随后,他被强制退休,而管理部门要求他的亲人腾空他从战俘营回来就一直居住的职工公寓:底层,主楼西南角,面朝医务室——那里住着他的朋友皮埃尔·艾蒂安医生。1980年6月,阿尔都塞离开圣安娜医院,转到他非常熟悉的位于塞纳河畔苏瓦西的活水诊所。1983年7月,他定居于巴黎吕西安·勒温街的一间公寓。

　　从杀人案发之日到1990年10月22日突然去世,整整10年间,阿尔都塞过着一种奇怪的生活,一种幽灵或活死人的生活,一个他已不再是他自己的生活——一个罪行被鉴定、被尸检、被化简为行话报告陈述的阴郁英雄——他甚至无法得知其行为的精神病学意义,也不能跨越黑暗王国的大门。这是一幅无主体之概念过程的否

---

① Karl Marx, *Les Manuscrits économico-philosophiques de* 1844, in *Écrits de jeunesse*, Paris, Quai Voltaire, 1994, 由 Kostas Papaioanu 撰写导言; *Thèses sur Feuerbach*, Paris, Éditions sociales, 1956 年; *Thèses sur Feuerbach*, Paris, Éditions sociales, 1956. Louis Althusser, *Écrits philosophiques et politiques*, t. 1, Paris, Stock/IMEC, 1994.

定性和悲剧性的画面,这本是他为定义历史中主体性的地位而打造的画面。

此外,共产主义的历史本身也讲述着会摧毁阿尔都塞生命的灾难。他是以静默的旁观者身份看着苏联解体及其帝国的粉碎。

在将阿尔都塞改头换面为日本食人者的那篇克洛德·萨罗特的文章发表翌日,阿尔都塞打算"重现公众舞台"①。但他知道,为了完成这样的重返,他必须面对那个使他成为无名和无声杀手的行为。必须通过叙事来进行那个未曾发生的预审,必须在书写中让人们看到那个可怕的杀人场景,那个他不断向亲近的人描述的场景,总是用同样的词,召唤同样的记忆、同样的难解之谜:"我在精神混乱的危机之中,杀死了那个对我来说就是世上之一切的女人,她爱我的程度到了如果不能活下去的话就只想死的地步,也许,在我混乱和无意识中,倒是帮了她这个忙,她也没有抵抗,所以就死了。"②

---

① Louis Althusser, *L'avenir dure longtemps*, *op. cit.*, 第 3 页。

② 同上。我可以见证,路易·阿尔都塞对其行为总是给出这同一个版本。

只要这个无数次被重复的场景没有被写下了，阿尔都塞的名字及其哲学著作的意义就会继续成为一个完全隐退的对象。这个场景，必须公之于众，也就是写成一部著作，这是为了避免这个场景不断被无限多的见证者或非见证者再造、谈论、散布、篡改和阐释，这些人在缺乏所有迹象和档案的情况下，毫不犹豫地自己替代犯罪者，来以犯罪者的立场说话。

1983 年，菲利普·索莱尔斯第一个在小说（《女人》①）中盗用了这一场景，并详尽地描写了勒死的过程。索莱尔所想象的叙事者将拉康最后的疯狂与阿尔都塞最后的疯狂做比较，将后者变成一个满怀着对女人仇恨——甚至是他对埃莱娜所抱有的无意识厌恶——的卑鄙之人："戴着贝雷帽的小小干瘪形象，比他年纪大，小学教员的类型。格外引人反感。"因为这个女人作为共产主义战士，以其不妥协的精神，不停地用其坚实的反纳粹主义烦扰着他，所以他最后用丝巾故意并极为清醒地勒死了她："她使他厌烦……他则使她神经紧张……他终于使

_____

① 在这本小说(Paris, Gallimard, 1983)中，阿尔都塞就是卢茨。

她窒息了……一个夜晚的工夫……当然,从他这样想开始……他拿了一条丝巾,他悄无声息地走近这个睡着的女人——如果算上所有曾经发生的事情,他欠她如此之多;这个女人曾经在他神经症的状态下支持、帮助、鼓励、照顾他……但她也逐渐变成做着鬼脸的镜子,映射着这个男人毫无理由之委顿、失败和罪感的镜子。"[1]

在描述了这个由哲学家凶手正式预谋的勒死行为之后,作者还加入了叙述者的判断。叙述者说,卢茨(Lutz)所完成的这个杀人行为,就像是《感官世界》(大岛渚1976年的电影)的反面:"在我们看到贪得无厌的妓女爬到她的性伴身上,慢慢扼住他的喉咙,而他正在性欲高潮的时刻处于无尽延长的满足之中……以便随后将其阉割……"[2]

阿尔都塞在被如此转化为(直接来自某种克拉夫特-埃宾〈Krafft-Ebing〉的精神病学想象)性反常两年后,又被让·吉东恢复为神秘的修道士,这个修道士更接近于

---

[1] 同前,第 106—107 页。

[2] Philippe Sollers, *Femmes*, *op. cit.*, 第 111 页。

贝当派天主教徒,而不是经由哲学改造的共产主义者。在一篇发表于 1985 年秋的对话中,这位法兰西学术院院士回忆说阿尔都塞曾经是他 1938 年高师预备班的学生,在那个时期,阿尔都塞想成为苦修会士①,而最终,"他那很像特蕾莎修女的妻子是一个纯粹狂热的共产主义信仰者"。吉东还补充道:"我真诚地认为,他杀死他的妻子是因为对她的爱。这是一个神秘的爱情犯罪。在罪犯和圣人之间存在重大的差距吗? ……我不是在为他辩护,而是在帮助他内心深处的苦痛……当我知道发生了这个罪行,我经常去圣安娜看望他,然后我也为将他转到其他机构而奔走,并且……也为了让司法裁判将他视为疯子而不是罪犯。"吉东随后表明,他自己和阿尔都塞一样,在战争期间都是以俘虏身份度过的,并为此感到高兴,"极为赞同地接受了[这一俘虏身份]",他对留存下来感到骄傲,到现在"对贝当元帅还是有极为坦率的忠诚"②。

1988 年,雷吉斯·德布雷对杀人场景做了一个相

---

① 天主教西多会中的特拉普派,此派强调缄口苦修。——译注

② Jean Guitton, «Entretien avec Pierre Boncenne», *Lire*, 121, octobre 1985, 第 126 页。

当谨慎的描述,将之与某种利他主义自杀相比较:"他用枕头将她窒息而死,以此将她从让他窒息的焦虑中拯救出来。爱的美丽证明……有人能够为了拯救别人的生命而牺牲自己,并冒着自身承担所有活着之痛苦的危险"①。

这个时候,阿尔都塞已经写好了他的自传。他多次表明希望看到这部自传得以出版,并且也将自传的内容给某些亲近的人看过。然而,他从未为了出版将这本自传委托给任何出版人,这也说明,与他所肯定的相反,他更倾向于继续呆在死人王国之中,而不是重新出现在活人的王国。这也是为什么他将这个杀人场景写成死后叙事的遗著之前言,通过这个叙事,讲述者试图为后人讲述注定是一场灾难的特别历史中的种种要素②。此外,我们可以提出这样的假设:以*死后*的方式叙述自身的轨迹,阿尔都塞就避免了去面对所有这个轨迹必然会引起的种种评论。

---

① Régis Debray, *Les Masques*, Paris, Gallimard, 1988.

② 阿尔都塞本想将这个见证取名为《一个凶手的简要历史》(*Brève histoire d'un meurtrier*)或者《一夜黎明》(*D'une nuit l'aube*)。

夏尔·戴高乐在对安德烈·马尔罗①吐露的隐情中,曾经将马基雅维利的**时机**(fortuna)概念(古希腊kairos意义上的"适时")与漫长的时间相对立,并强调在政治上正如在战争中,都必须懂得如何在恰当的时候行动,否则就会被扔到永恒未来的漫长持续之中,扔到一个将会持续很久的未来②之中。阿尔都塞用这句话作为其自传的题目,将自己的叙事放在永恒时间的特征之下,可以说,是在死亡的漫长持续之中:永无尽头的服丧期,忧郁的时间。这个题目也可以指阿尔都塞一直处于对自己的哀悼之中,对自身死亡的哀悼之中,而这个死亡则是他的

---

① André Malraux(1901—1976),法国作家,曾任戴高乐时代法国文化部长,且被提名诺贝尔文学奖候选人,代表作《小说人的价值》(另译:人类境况),以详述上海四·一二事件为内容,颇受好评,且因此著作荣获1933年法国龚古尔文学奖作品;逝后葬于法国巴黎先贤祠。——译注

② "一个将会持续很久的未来"(un avenir qui dure longtemps)与阿尔都塞自传书名 *L'avenir qui dure longtemps* 采取的是同样的法文表达,这里用直译的方式还原法文的表达法。该自传题目一般译作《来日方长》,是对这个法文表达的优雅中式意译,但中文"来日方长"所包含的"事有可为"和"劝人不必急于做某事"的意涵,与法文中所要表达的"永恒未来的漫长持续",尤其与戴高乐说这句话的语境意味还是有所不同。尤其阿尔都塞在使用这个说法的时候有着独特的含义,故这里以直译为主。——译注

母亲和他的妻子共同施加的；也可以指撰写自传会给他打开一个绚丽的未来，那个投入到死亡之永恒时间的几乎紧迫的未来："如果不管生命的种种悲剧，那么生命还能够是美好的。我67岁了，但我感到已经到了尽头，我不曾有过年轻时代，因为我并不被我自己喜欢，我感到从未有过的年轻，尽管麻烦应该很快结束。是的，未来会持续很久。"[①]无论哪种情况，那个杀人场景必然继续是纯粹事件，这个纯粹事件在生命之外，在死亡之外，甚至在这个将活人世界与死人王国的边界抹去的无尽循环之外。

阿尔都塞不得不信服，不管他如何否认，这个[杀人]行为彻底打断了他对理论反思的追求，因此，他更倾向于不在有生之年再次面对将剥夺他一切言说权利的（再次）埋葬。为后人书写这个场景，不是为了在其有生之年偿还一个在人们司法裁判之外假设的责任，而是独自为他

---

① Louis Althusser, *L'avenir dure longtemps*, *op. cit.*, 第 273 页。André Malraux, *Antimémoires*, t. 1, Paris, Gallimard, 1967, 第 155 页。Éric Marty 对阿尔都塞这本自传的名称给予了与我不同的阐释，参见：*Louis Althusser, un sujet sans procès*, *op. cit.*, 第 43 页。

所犯下的罪行对自己进行惩罚——这就是悲剧英雄。这是亲手把握自己哲学命运的最后方式。

在这点上,我们必须强调,为了能够达至其存在论意义,并同时将行为的真实(所有评论者都未能触及这个真相)体现出来,这个杀人场景唯有在其作者转化为一个已经死去的叙述者的情况下,才可能被书写。以此为代价,且仅以此为代价,这个场景才可能作为一份真正的档案,获得应有的价值,也就是说,作为一个痕迹,一个证据,一个见证——这个见证能够保证犯罪行为确实发生,且那个被控诉的人正是作者本人。

"我对此事所保留的明确无损的记忆,直至其中的细枝末节,穿过我的所有痛苦经历——在两个黑夜之间:一个是我从中醒来的不知是哪个的黑夜,一个是我进入的那个黑夜——,永远地铭刻于我,我将原样说出它是何时以及如何发生的:以下就是我所经历的那个杀人场景……在我面前:埃莱娜,仰面躺着,她也穿着睡衣。她的骨盆靠在床边,任由双腿耷拉在地毯上。我挨着她跪着,朝她身体倾斜,正在给她按摩颈部。我经常静静地给她按摩颈背、后背和腰:我是从当战俘时的一个同伴小克莱克那里学到的这个技术,他是一个职业足球运动员,样样通晓。但这次,我按摩的是她的颈部正面。我的两个拇指按在胸骨上部的肉窝中,一个拇指斜着按向左边,一个拇指斜着按向右边,慢慢折回耳朵下方最坚硬的区域。我以 V 字形按摩。我感到前臂肌肉非常疲劳:我知道,按摩总是让我不舒服。埃莱娜面容平静泰然,睁开的双眼盯着天花板。突然,一阵恐惧向我袭来:她的双眼无止境地盯着,尤其一小段舌头搁在唇齿之间,既异乎寻常又温和安详。当然,我曾经见过死人,但从未见过被掐死的人。然而我知道,这是一个被掐死的人。但如何发生的呢? 我站起来喊叫着:我掐死了埃莱娜!"①

当我们读到这个场景,我们立刻被这种单纯震惊了,叙述者用这样的单纯讲述杀人,讲述他如何在行为现实似乎被他遗忘的同时意识到其行为的恐怖。他杀了人且不知道他杀人,而且受害者也没有发出丝毫呻吟。他在一个日常行为中杀了人,在这个场景之前,这个日常行为从未与杀人行为有任何相似之处。结果,我们能够支撑

① Louis Althusser, *L'avenir dure longtemps*, *op. cit.*, 第 11、12 页。

犯罪事实的唯一"证据"就是凶手感到前臂有一点异乎寻常的肌肉疲劳[1]。事实上，不存在行为的任何外部痕迹：埃莱娜在生死之间的顷刻没有叫喊，她似乎没有感到痛苦，她的脖子也没有留下任何属于勒死的痕迹。这个凶杀因此具有完美罪案的样子，几乎如此，凶手没有对之进行隐藏，而是向他的医生自首，愿意承担这个罪行，倒是他的医生几乎无法相信这一点。

但如果这样一个行为能够发生，也许因为之前一段时间发生了某些事情，将悲剧的两个主角引致悲剧收场[2]。

路易·阿尔都塞是在一个外科手术(切除食管裂孔疝的手术，这种食管裂孔疝会使人进食时噎住)之后，进入了某种正如他自己所讲述的深度谵妄之中：他不断呕吐，不

---

① 我们知道路易·阿尔都塞具有一种异乎寻常的身体力量。

② Yann Moulier-Boutang 写道："一个清晨的按摩，在毫无意识的情况下转化为勒死的行为，受害者也没有别的举动，只是(像静物一样)安静地真实地死去了。甚至生死之间没有任何可确定的过渡。在这个书写中所呈现的意识里也不能被认为对此有所意识"(路易·阿尔都塞，同上所引，第38页)。我们需要注意的是，凶杀所发生的房间，在习惯上，既不是路易的房间也不是其伴侣的房间。谁也不知道，这次，埃莱娜选择睡在这里的原因。

规则排尿,不再能够支配语言,甚至把一个词当作另一个词,认为红色旅①判他死刑,并且为了执行这个死刑,闯入他在医院的房间。当他回到巴黎高师的时候,他写道:"这整个'反常'系统同时也是一种自杀性谵妄。对于被判死刑和被执行死刑所威胁,我只有一个对策:抢在所遭受的死亡之前,预先自杀。我想象了所有致死的出路,而且,我不仅想物理上毁灭我自己,还要销毁我在地球上的所有痕迹:尤其是销毁我的所有著作、所有笔记,并且烧了巴黎高师,'如果可能',只要我在那,就把埃莱娜也杀死。"②

我记得在那时,路易·阿尔都塞经常来看我,有时与埃莱娜一起。他实际上说的是烧了巴黎高师并逃跑,并不顾一切地想要买我的公寓,并自认为且相信我在卖我的房子。我没有为了让他放弃这个计划进行任何理性的论证。然而,一旦我们开始另一个更为政治或哲学的话题,阿尔都塞的游荡状态就消失了。

---

① Brigades rouges,意大利极左恐怖组织,成立于1970年,最初成员是一些激进左翼的工人和学生,该组织声称它的宗旨是对抗资产阶级,最著名的行动之一是在1978年绑架并杀害了意大利前总理阿尔多·莫罗。——译注

② *L'avenir dure longtemps*,*op. cit.*,第243页。

同样是在这个时期,我可以做一个见证,阿尔都塞确信整个人性将走向衰落,必须找到拯救的方式。埃莱娜对此也同样深信不疑。因此,他再次(但更为坚持,并且是在拟定医疗保险会议方案来改变公众意见之后)寻求去见罗马教皇若望-保禄二世,以便向教皇解释:使得拯救世界处于危险境地的危机,只有在罗马和莫斯科建立可持续对话的情况下才能解决。阿尔都塞多次试图与教皇对话(正如拉康在他之前所做的那样),以此寻求以一种亲密无间的行动将其经历中的两个守护性形象——天主教和共产主义——联合起来。但这次,在他谵妄深处,他预感到这个波兰人教皇所进行的战斗已经在东欧国家取得胜利。当让·吉东请求圣父接见阿尔都塞的时候,教皇回答说:"我知道你的朋友,他首先是一个在思想上彻头彻尾的逻辑学家。我很愿意见他。"①

---

① 雅克·拉康是1953年向他哥哥Marc-François提出,为他和教皇的会面作安排,以便他能够向教皇解释他的学说。在同一时期,拉康还寻求与莫里斯·多列士(Maurice Thorez,法国和国际共产主义运动著名活动家,原法国共产党总书记。主要从事议会斗争,在战前帮助成立人民阵线——译注)会面。拉康实际上想的是(也是颇有道理的),一方面是天主教会,另一方面是法国共产党,它们是可能接受弗洛伊德教学的两大组织。我在《法国精神分析史》第二卷中对此有所叙述。也可参见:Jean Guitton, *Un siècle*, *une vie*, Paris, Robert Laffont, 1988, 第156页。

在随后几个月,阿尔都塞和妻子闭门不出,进入了某种只限当事人在场的有组织的孤僻之中。随着(按照仪式化的外观来看)进入躁狂状态和忧郁状态的更替,埃莱娜视阿尔都塞为魔鬼,抱怨他一直以来给她带来无法忍受的痛苦。"突然一天达到了顶点,她仅只是要求我亲自杀了她,在这个词所代表的恐怖之中,这个词是不可思也不可忍受的,这个词使我的整个存在长久地战栗。它现在还在使我战栗……我们两人在我们地狱的围墙里过着禁闭的生活。"①

但在自传中,阿尔都塞不满于以未经雕琢的状态给出杀人这个重大场景的可怕真相。阿尔都塞调动他在精神分析治疗中的经验,他用弗洛伊德式以及常常是拉康式的术语描述了一个悲剧的系谱学结构,根据他的描述,他是一个来自从色当战败后流亡阿尔及利亚的天主教中等资产阶级家庭中的主体,他的个体疯狂正是在这样的

---

① *L'avenir dure longtemps*, *op. cit.*, 第245页。我们知道,路易·阿尔都塞不满足于只是服用他的精神病医生给他开的安神药。他另外像埃莱娜一样,还诉诸持续不断的自行用药,这使他吞食各种麻醉品,另外,他也没有放弃酗酒。

系谱学结构中,跨越三代锻造出来的。

20世纪初,一个年轻的女孩吕西安·贝尔热喜欢一个叫作路易·阿尔都塞[哲学家路易·阿尔都塞的叔父]的年轻男人。后者在家中年龄最小,是母亲最疼爱的孩子,大有在智识道路上获得全部成功的希望。路易的长兄夏尔,更为粗野不太受欢迎,是吕西安的姐姐朱丽叶的未婚夫。战争突然爆发,路易被调派,并在凡尔登进行空中侦查时在飞机上死去。因此,两个家族决定遵守在地中海国家仍然生效的圣经中那个古老的婆寡嫂制,这个法则规定未婚长兄有义务娶去世弟弟的寡妇。夏尔·阿尔都塞因此娶了吕西安·贝尔热,他们生的孩子也用了叔叔的名字路易。这种婚姻的"疯狂"不在于对婆寡嫂制传统的遵从,而更在于对法则的过度参照。夏尔并不是必须娶吕西安,因为他的弟弟还没来得及和吕西安成婚,路易·阿尔都塞说:"我没有父亲,并且无限期地扮演'父亲的父亲',以此给我一个有父亲的幻觉,实际上,我是自己给我自己一个父亲的角色……因此,我应该也达观地成为我自己的父亲。而这只有在特别给我以父亲的功能——对所有可能情况的支配和*掌控*——才是可

246

能的。"[1]

阿尔都塞以此重新采用了萨特关于超我缺席(以及拒斥父亲)的观点,自认为已经获得了一个死人的名字,也就是他叔父的名字。他还从中得出这样的论点,即19世纪末三个被"诅咒"的思想家——尼采、弗洛伊德和马克思——就不得不自己成为自己的父亲。阿尔都塞认为自己同他们一样,并强调只有处理了与演变关系的所有象征体系之后,才能走向奠基行为。因此,在阿尔都塞哲学中,就有这样一个极有倾向性的观念,即主体总是偏离自我,因为决定主体的结构是一个缺席的因果关系。实际上,为了摆脱自我、拯救灵魂,不就应该将自我建立在一个没有历史性的历史之中吗?那么,由于偏离中心,不也有可能在消除自我和他者之中消解所有主体性吗?

路易·阿尔都塞1946年与埃莱娜·里特曼相遇。埃莱娜是一位俄罗斯裔犹太女人,比阿尔都塞大8岁。在埃莱娜的朋友们看来,埃莱娜也"有点疯"。在埃莱娜的童年时期,她曾经是其家庭医生滥交的受害者,家庭医

---

① *L'avenir dure longtemps*, *op. cit.*, 第163页。

生交给她一项沉重的任务：用注射吗啡送他去死。过了一段时间，埃莱娜的父母都染上了不可治愈的疾病："因此，这个可怕的女孩儿杀死了爱她的和她也爱着的父亲……这个可怕的女孩儿也杀死了讨厌她的母亲。那时她只有 13 岁！"[1]埃莱娜是让·博弗雷抵抗组织和伯利克里网络的成员，她随后加入法国共产党，在被斥责"偏离托派"和犯有"罪行"之后，隐隐约约被法共排挤。有人说，她曾经参与过[二战时期]里昂区附敌分子的当即处决活动[2]。

　　阿尔都塞在与这样一个女人共同生活的过程中，每天都要面对这样一个意志坚定的人：在某些方面，埃莱娜不断把阿尔都塞抛向他自己，而这与她自身的参与活动背道而驰。在阿尔都塞成为战俘——因此与所有反纳粹斗争相距甚远——的时候，埃莱娜在进行抵抗运动，她是犹太人，因为自身的历史，她身上带有大屠杀的所有印记，而在那时，阿尔都塞甚至（若不论其后转向马克思主

---

　　① *L'avenir dure longtemps*，*op．cit．*，第 137 页。

　　② 参见：Yann Moulier-Boutang，*Louis Althusser*，*op．cit．*，第 344—444 页。

义)仍然在全面的天主教经历的渗透之中。最后,在阿尔
都塞准备将其概念反思关联到共产主义运动史中的时
期,正是埃莱娜成为斯大林主义受害者的时候。换句话
说,埃莱娜类似于阿尔都塞的一个岔开了的意识:无情的
超我、异质的冲动、被诅咒的部分、黑暗动物性和被可憎
母亲引入邪道的不可穿透的身体。"她留有对她母亲的
恶劣记忆……她母亲从来不拥抱她。她母亲憎恶埃莱
娜,因为她母亲想要一个男孩,而这个黑黝黝的女孩扰乱
了其欲望的所有计划……只有仇恨……我从未拥吻过一
个女人,尤其是我从未被一个女人拥吻过(30 年来!)我
有欲望的时候,我们在床上做爱,那真是新鲜、扣人心弦、
令人兴奋和暴力。当她(埃莱娜)没了的时候,焦虑的深
渊展现在我面前,再也无法关闭。"①

但同时,在一个相反的运动中,埃莱娜对阿尔都塞
来说,代表的不仅仅是一个又黑又丑的女孩儿、双重弑
亲的作者和被滥用的受害者,也还是他自己所怨恨的母
亲之升华形象,他整个一生都依恋着这样的母亲。"如

---

① *L'avenir dure longtemps*, *op. cit.*, 第 109、116 页。

果我曾着迷于埃莱娜的爱,着迷于去了解她的奇迹般特权,着迷于在生命中拥有她,我试图以我的方式予以回报,强烈地,也可以说是*利他地*,就像我对我母亲所做的一样。"①

结果,埃莱娜·里特曼所激发的路易·阿尔都塞的爱,在 37 年来,制造了同样的风暴,同样的致死之旅,同样的厌恶,同样的狂热以及同样的融合——这个融合,同时将他联结于共产党、精神病院和精神分析话语。在这点上,带着马克思主义忧郁的哲学家的命运,可以与某些伊斯兰文化和基督教民族的伟大神秘主义相对照:它们一个是要通过废除天命(la Loi),建立"没有主体"的共同体;而另外的则否认个体单元原则、意识优先性以及进步神话②。

与埃莱娜相反,阿尔都塞喜欢的其他女人一般外表都非常漂亮,有时在知识分子对话中还具有非凡的感受

---

① *L'avenir dure longtemps*, *op. cit.*,第 154 页。

② 参见:Michel de Certeau, *La Fable mystique*, Paris, Gallimard, 1982. Christian Jambet, *La Grande Résurrection d'Alamût. Les formes de la liberté dans le shī'isme ismaélien*, Lagrasse, Verdier, 1990. Certeau 是第一个提醒我(1969 年)阿尔都塞的命运与基督教民族伟大的神秘主义者相似,而阿尔都塞的著作也带有这样的痕迹。

性①。因此,在阿尔都塞(自传叙事之前)1961 年至 1973年给弗兰卡·马蒂奥纳的信中,展现在读者面前的,如果不带有任何升华的话,是可能会导致另一个杀人场景的激情。人们会以为在同样的运动中,在贝纳尔多·贝托鲁奇②拍摄的梦想中意大利的奢华装饰之中,失去理智的爱情疯狂和对欲望的无限寻求(在某段时间)结合了起来:"弗兰卡,深肤,暗夜,火,美和丑,极端的激情和理性,过度和理智……我的爱,我对你的爱被中断了,我今晚双腿受伤不能行走——但我今天除了想你、爱你、跟随你还做了别的事情吗? ……为了耗尽你为我打开的空间,需要无尽的行走……我说这些,我的爱,我说的这些都是真的——但我说这些也是为了与我对你的欲望、你的出现作斗争,与想见你、想和你说话、想触摸你的欲望作斗争……如果我给你写信,也是为了这个,你已经非常清楚:写作以某种方式使呈现成为可能,这是抵抗缺席的

---

① 例如 Claire Z. 就是这种情况,阿尔都塞在 42 岁遇到弗兰卡·马多尼亚之前,与 Claire Z. 曾有过漫长的关系。

② Bernardo Bertolucci(1941—),意大利导演、编剧、制片人。代表作有:《爱情与愤怒》(1969)、《巴黎最后的探戈》(1972)、《一九零零》(1977)、《末代皇帝》(1987)、《偷香》(1996)等。——译注

斗争。"①

　　弗兰卡是哲学家、译者和剧作家,来自意大利资产阶级一个定居在罗马涅的富裕家庭。她哥哥是马克思主义活动分子,1967 年毫不犹豫地在瓦雷泽的阿尔法·罗密欧工厂做了一名工人。她丈夫米诺·马蒂奥纳(Mino Madiona,其妹乔凡娜嫁给了画家莱昂纳多·克雷莫尼尼〈Leonardo Cremonini〉)尽管经营一个专门生产毛毡制品的公司,但也是意大利共产党。

　　每年夏天,两家人在一座迷人的马蒂奥纳花园别墅相聚,这个别墅位于博洛尼亚区边境沿线的贝尔蒂诺罗小镇,离弗利只有几公里的距离。正是在这个环绕着柠檬树、夹竹桃和黎巴嫩雪松,浸染着赭石色阳光和葡萄园浓郁香气的神奇地方,路易·阿尔都塞爱上了弗兰卡,通过弗兰卡,阿尔都塞发现了他童年时期所缺失的以及在巴黎被剥夺了的一切:一个真正的家庭,一门生活的艺术,一种新的思考、说话和表达欲望的方式。

---

　　① Louis Althusser, *Lettres à Franca* (1961—1973), Paris, Stock/IMEC, 1998,第 14 页。

简言之,在与这个外国女人(她翻译了法国的伟大作者列维·斯特劳斯和梅洛·庞蒂的著作,使阿尔都塞喜欢上了皮兰德娄①、布莱希特和贝克特的现代戏剧)的关系中,阿尔都塞学会了脱离斯大林的共产主义传统,并以**别样的**方式阅读马克思的著作。通过这个女人,这另一个女人,更或是这种超越其禁闭欲望的女性气质所引发的奇特性,通过地理位置的转换所引入的区分,最后,通过在这个剥夺自我的模式上所经历的内在放逐,不仅涌现出阿尔都塞最美丽的文字——尤其是《保卫马克思》——,还涌现出阿尔都塞最中肯的概念:症状阅读,多元决定,无主体过程,等等。

这种美妙持续了4年,1961年至1965年。书信、电话、旅行和见面就是那些哲学和文学迸发的机遇,它们用两种语言陈述,用声音和书写混合着对时事、政治和理论的判断,对日常生活幸与不幸的知心话。

然而,很快,阿尔都塞想将这个关联纳入其精神禁闭之网,这个禁闭之网使他在两种女性模式中摇摆:一个是

---

① Luigi Pirandello(1867—1936),意大利剧作家、小说家,荒诞戏剧的创始人,曾获1934年诺贝尔文学奖。——译注

由其巴黎伴侣所代表的，有罪的和让人沮丧的女性模式，永远是受害者，永远是同情和厌恶的对象；另一个是体现着奇特性的、引人入胜的和激昂的女性模式，总是带有维斯康蒂①式意大利风情。此外，他还要求弗兰卡成为埃莱娜的朋友，同样，作为交换，他也寻求与米诺融在一起。而弗兰卡成功地摆脱了这样一种爆炸性的情势。

如果路易·阿尔都塞在其有生之年确实是禁闭场景（这样的场景无时无刻都会以杀人场景告终）的作者，他也永远是失去理智之爱情疯狂的英雄，这样的疯狂每次都将他带入一个神秘循环内部，那里迸发出其忧郁最为阴沉和最为激奋的形象。

阿尔都塞从1948年就开始面对这个他在福柯的《疯狂史》中找到回音的禁闭传奇故事，他与弗洛伊德主义的关系和与马克思主义的关系一样具有双重性：作为被精神病学术语分析、被投入到正统治疗之中接受精神分析法治疗的人，他的这个身份是与拉康式复兴的精神分析

---

① Luchino Visconti(1906—1976)，意大利电影与舞台剧导演、演员。对于第二次世界大战后的意大利电影有着相当重要的影响，作品有《惊情》、《大地震动》等。——译注

理论家立场相分离的①。一方面,他同意药物治疗,但又是被药物治疗所震惊、不断抗拒药物治疗的受害者;另一方面,他又自称是某种疯狂学说的捍卫者,而这个疯狂学说废除了他心甘情愿顺服的那些原则。同样的,每次当他试图逃脱他与埃莱娜建立的禁闭状况——在爱情疯和禁闭狂之间交替——,他只是在再造无尽悲叹的盛大经历,这种经历从他儿时开始,从他将母亲、父亲、祖父,随后,家庭概念本身,更糟糕的是,"国家这个意识形态机器",统统献给罪尸示众场的那一刻开始。从这一点来看,给弗兰卡的信与《来日方长》一样见证了阿尔都塞与精神分析的关系,见证了阿尔都塞与其自身治愈的关系,与其主要的精神分析师勒内·狄亚特金②(曾经是雅克·拉康的分析师)的关系。

阿尔都塞在进入精神分析治疗之前,发生了一个见证了埃莱娜与其配偶奇怪关系的事件。1964年夏,埃莱

① 关于路易·阿尔都塞与雅克·拉康的关系,参见:Louis Althusser, *Écrits sur la psychanalyse. Freud et Lacan*, Paris, Stock/IMEC, 1993. Et Élisabeth Roudinesco, *Jacques Lacan*, *op. cit.*, 第383—403页。

② René Diatkine(1918—1997),白俄罗斯裔法国精神病学家、精神分析学家。——译注

娜刚刚读完梅拉妮·克莱因①的著作,她给路易写了一封信,在信中,她致力于对阿尔都塞的"俄狄浦斯式"境况进行令人震惊的阐释,尤其提醒阿尔都塞他父亲在他母亲身边如何是一个入侵者、一个"假配偶":"那么我们是否可以说孩子成为他自己的父亲也是颇为窘迫的呢?"

15天后,阿尔都塞在他的私密记事本上记下了一个杀人梦境的内容:"我应该杀了我的大姐[埃莱娜]或者她应该死⋯⋯而且是经过她的同意杀死她:某种在牺牲中的悲怆相通⋯⋯我会说这就像做爱的余味,就像去探索我母亲或姐妹的肺腑、她的脖子、她的喉咙,以此让她快乐⋯⋯为什么在这个梦里我要杀死的是我的大姐? 也许害怕以性行为之名杀死别的人,害怕以性行为之名坠入被我的母亲、姐妹看作是死亡领域的死亡领域,等等。完成性行为,就是杀掉(他者的形象,母亲的形象②)。在抒

———————————

① Melanie Klein(1882—1960),奥地利-英国精神分析学家。从1925年开始,被视为英国精神分析运动的重要代表人物,被视为客体关系理论与儿童精神分析的创始者。——译注

② Georgette Althusser [路易·阿尔都塞的妹妹],Boddaert (1921—1991)的配偶:1957年,她在生下儿子弗朗索瓦之后,陷入严重的抑郁之中。弗朗索瓦后来由祖父母养大,如今,他是其叔父[哲学家路易·阿尔都塞]法定继承者和权利持有者。在弗朗索瓦的 (转下页注)

发感情中、在热情中的罪行……所以，我会带着她的同意、借着她的同意杀死她(我尽力)，我是无罪的。"①

两个月后，也就是在巴黎高师完成拉康研讨会的 9个月后，阿尔都塞开始接受狄亚特金的精神分析，他很清楚狄亚特金反拉康主义的立场。1965 年 1 月，阿尔都塞与狄亚特金的会面变得更为频繁，6 月，还开始了对无意识的真正探索工作。阿尔都塞立即告诉了弗兰卡这个"正统"治疗的积极效果。1966 年 7 月，他肯定说这个治疗有着"惊人的结果"。

而此时，狄亚特金也在对埃莱娜进行治疗，并负责对病人进行精神病学跟踪。那时，阿尔都塞与他的精神分析师建立了一种病理学关系，为了这样的关系，他们进行了一种比对埃莱娜同时进行的治疗更具有强迫性的、无法解开的移情，致力于在哲学家及其伴侣之间，极尽可能

(接上页注)支持下，路易·阿尔都塞的档案才得以置放在 IMEC (IMEC：Institut Mémoires de l'édition contemporaine〈当代出版业记忆资料库〉)供人参阅。

　　① 转引自：Yann Moulier-Boutang, *Louis Althusser*, *op. cit.*, 第 75—76 页。这个文本由 Fernando Navarro 于 1984 年搜集整理，1990 年以西班牙文发表。阿尔都塞拒绝这个文本在其有生之年出版。

地建立一个已经非常危险的亲密无间的联合，而精神分析学知识则通过这个联合，充当了野蛮阐释的支撑。结果就是阿尔都塞在其"父亲的父亲"之全能中备受鼓舞。他"扮演"着精神分析师：和埃莱娜在一起时，他对她解释他的"案例"——因为埃莱娜也对他解释她的案例——；和弗兰卡在一起的时候，他向她阐述埃莱娜的案例。同时，面对狄亚特金的时候，他装出一副思想大师的样子，毫不犹豫地奚落狄亚特金，并给出拉康主义的教训："你为什么任由自己驱逐拉康的著作？这是谬见，这是一个你不该犯却偏偏犯的错误。你用拉康其人来回答我，但这不涉及到拉康本人：这涉及到他的著作……这涉及到分析领域理论存在的权利。巴黎相当于一个弥撒。在我们之间，拉康'其人'，他的'风格'和他的怪癖，以及所有这些所制造的效果，包括那些个人创伤，这都还是值得去接受他的理论。"[1]

在这个没完没了的治疗过程中，阿尔都塞极有热情地采用了"分析师的分析师"的位置。结果，这导致他不

---

[1] Louis Althusser, lettre du 18 juillet 1966, in *Écrits sur la psychanalyse*, op. cit.

再能够将自己的命运与埃莱娜的命运相分离，不再能够与弗兰卡以及贝尔蒂诺罗保持距离。两位情人继续着通信，但数年来，笔调发生了变化：爱情还在，但欲望破碎了，随着对更为鲜活之参与的欲望的衰变，对世界新秩序所抱有的理想之梦逐渐消失。1970年，弗兰卡在一封带着预言性语调的信中写下来这样的句子："你知道吗？剖腹杀人者杰克不仅勒死女人，还掏出她们的内脏，像花饰一样挂在身体和床周围。"[①]

　　阿尔都塞给弗兰卡的最后一封信日期是1973年8月，表明经过分析的加强，和埃莱娜的结合工作从此了结："如果我不玩儿了，我会以一种与我的游戏本身同样刺激的方式结束……埃莱娜在她那边，在穿越一个非常不利的分析'境况'……结果就是，这个在布列塔尼的全天候共同逗留，在风景方面绝佳，在共同生活方面则是大灾难。"[②]

---

　　① Louis Althusser, *Lettres à Franca*, *op. cit.*, 第771页。
　　② 同上，第806页。1980年在波伦亚，弗兰卡再次与阿尔都塞会面。但弗兰卡因为C型肝炎引起的肝硬化死于巴黎，没能在阿尔都塞杀死埃莱娜之后住进圣安娜医院期间看望他。

阿尔都塞自传的标题，正如我所强调的，本来可以是《杀人场景》。这本著作在文本上不可分类，无可定义，没有定法亦无规则，不与任何其他著作相似，既不像卢梭的《忏悔录》，也不像普通的病理传记，甚至也不像可以被理性意识解读的临床资料，比如，丹尼尔·保罗·施雷贝[①]以同样名义撰写的、被弗洛伊德分析过的《一个神经症患者的回忆录》[②]（*Mémoires d'un névropathe*），又比如，杀了母亲、姐姐和弟弟的皮埃尔·里维埃[③]撰写于 19 世纪的

[①] Daniel Paul Schreber(1842—1911)，19 世纪德国高级法官，法学博士，曾作过德国萨克森州上诉法院庭长。1903 年自筹经费发表自传《一个神经症患者的回忆录》，他写该传记是对自己两次被关入精神病院的一种反抗。施雷贝的病例是精神病学史上被引用次数最多的病例之一。1911 年 Freud 发表重要文章《关于一自传式撰述的妄想症病例之精神分析注》，通常简称《施雷贝病例》；拉康于 1956 年在他的《精神障碍》研讨班中开始研究以施雷贝病例为基础的精神病学，并于 1958 年发表文章《论精神障碍的一切可能疗法的先决条件》，该文章最重要的参考文献之一就是施雷贝自己的回忆录。在《回忆录》中施雷贝分析并描述了自己的症状，其创新之处就在于它是写出来的公开证据。——译注

[②] Daniel Paul Schreber，*Mémoires d'un névropathe*（Leipzig, 1903），Paris，Seuil，1975. Sigmund Freud，« Remarques psychanalytiques sur l'autobiographie d'un cas de paranoïa »（1911），in *Cinq psychanalyses*，Paris，PUF，1954，第 263—321 页。

[③] Pierre Rivière(1815—1840)，法国诺曼底农民。1835 年 6 月 3 日用砍柴刀杀死了他的母亲(怀有六个半月的身孕)、妹妹和弟弟。他于 1835 年 7 月 10 日到 21 日，在监狱里写下了一个长篇告解。——译注

临床文献,米歇尔·福柯及其团队评论了该文献。

事实上,尽管《来日方长》被巧妙地构造为对萨特《语词》的致敬,对《保卫马克思》酒神般地挑战,这本书并不能被定性为文学叙事、精神病学文献、自传体小说或严格意义上的自传。这本书是由一个意识摇曳但又具有不可抗拒之清醒的作者撰写的,它呈现了一个谵妄生活的历史,其中的英雄既是这个历史的对象又是这个历史的主体,他分享着使之外在于其疯狂的我思和将之送往我思之内在的疯狂,他在将他推向杀人的令人同情的女性形象和永远也不能将之从忧郁中拔出的女性激情想象之间被割裂。

这位英雄,这位自我叙述者,从自己已死的角度为出发点,既像裁判其罪行的法官,又像对其案例进行概念化的医生,既作为解构共产主义的哲学家,又作为察觉到自身疯狂之谱系的疯子,使用着精神分析和精神病理学最学术化的语词。

这是对理性的真正挑战,仓促写就,缺乏我们在阿尔都塞其他创作中所能找到的文学质量,这个在哲学编年史中的无名和唯一的文本,在逻辑上,只能让所有冒险对之进行评论的人发狂。

另外，必须看到从来没有一个叙事能这样引起对阿尔都塞的憎恶。一些文学批评既热衷于庆祝被判定为庆祝阿尔都塞所信仰的主义的毁灭，又热衷于颂扬对马克思主义最后一位哲学家的废黜——他自身必定是一个充满耻辱的杀人凶手，在此之外，他的对手、评论者、精神病学家、哲学家和精神分析学家也在尽情享受此事。

精神分析学家丹尼尔·西邦尼(Daniel Sibony)用一种极为庸俗的语言，无视对事实应有的尊重，以他的方式重拾预谋的论点，以此说明阿尔都塞不得不"扼杀"他的"另一半"，这是为了表明埃莱娜所体现和所秉持的马克思主义真理，对他来说在何种程度上是一种"不可逃避的维吉尔，需要'掩盖，以便最终只让人面对真理的另一部分'……但这个过程没有疯狂举动是不能完成的——无论如何这里有一整墙行动和幻觉的历史——；在俄罗斯解冻和苏联终结之前，这位哲学家亲手将这个疯狂举动付诸实施：扭断他与妻子封闭在一起的这个十分苏维埃式结合的脖子，以有备无患。如果其东方政治集团没有开始解冻，没有最后抓住其真相的另一面，它也不会解体。"①

欧仁妮·勒姆瓦勒-露西妮②则在另一种观念秩序中,致力于粉碎哲学家的自传(她认为阿尔都塞1992年时还活着,因为按她的说法,是阿尔都塞来出版此书的)。阿尔都塞敢于以一种严格拉康式的方式对自我进行分析,而勒莫恩却与这样的明显事实相抵触,也忽略阿尔都塞与拉康保持的关系,她谴责阿尔都塞对症状问题一无所知。她在对德里达关于"文字并不总能达至目的地"论点的意义毫不了解的情况下攻击这个论点,兜售没有根基且直接来自崇拜性想象的逸闻趣事:"拉康的一个精神分析对象(阿尔都塞是其困惑的一部分)——因为有些书信显然是丢失了——将这些谈话报告给拉康。拉康思考了好一会,回答道:'阿尔都塞不是医生。'非常清楚的回答!"③

---

① Daniel Sibony, *Libération* du 22 juin 1992, repris dans *Le Peuple psy*, Paris, Balland, 1993.

② Eugénie Lemoine-Luccioni(1912—2005),法国精神分析学家、女性文学家和文学评论家。1945—1976年间曾与雅克·拉康共事,并为《心灵》(*Esprit*)杂志撰稿。——译注

③ Eugénie Lemoine-Luccioni, *L'Histoire à l'envers. Pour une poli- tique de la psychanalyse*, Paris, Des femmes, 1992, 第8页。

两位精神病学家米歇尔·贝内泽什（Michel Bénézech）和帕特里克·拉科斯特（Patrick Lacoste），用与乌布老爹①相称的精神病理学话语，对阿尔都塞"弑妻"进行了一个狭隘评论，提示说勒死行为的原因不是病人的抑郁状态，而是"两个人的爱恨冲突：阿尔都塞，为了逃脱分别的焦虑和生存的消亡，宁愿亲手杀死他所眷恋的对象，从而在死亡中永远地拥有这个对象。"②他们还对阿尔都塞没有用锂盐③而感到惊讶。

我们知道吞食锂盐会让人呕吐，我们也看到两位精神病医生、犯罪精神病学专家认为调动来自梅拉妮·克莱因教授的术语来如此平庸地解释这个悲剧故事是好的，而他们却对一个人对自己的陈述充耳不闻。我们认

① Père Ubu，法国作家阿尔弗雷德·雅里（Alfred Jarry）小说中的虚构人物。——译注

② Michel Bénézech et Patrick Lacoste, « L'uxoricide de Louis Althusser selon son récit autobiographique. Commentaires de psychiatrie criminelle», Annales médico-psychologiques, bulletin officiel, 1993.

③ 抗躁狂药，常用的是碳酸锂。20 世纪 40 年代，首次用锂盐治疗躁狂症成功，60 年代，通过大量研究，改进了锂盐治疗方法，此后被广泛应用。对躁狂或抑郁发作均有预防作用，也用于分裂心境障碍、精神分裂症伴兴奋冲动或攻击性行为。锂盐治疗的不良反应包括多尿、烦渴、体重增加、认知问题、震颤、镇静或嗜睡、共济失调、胃肠道症状、脱发、良性白细胞增多、痤疮及水肿。——译注

为,也许阿尔都塞将这个悲剧设想为战争机器是对的,这是一部通过其理性本身来促使专家话语持有者进行谵妄的战争机器,而这些专家话语只不过是对弗洛伊德概念所进行的夸张讽刺的模仿。

安德烈·格林①也诉诸克莱因的研究方式,毫不犹豫地肯定:阿尔都塞自我认同为一个施虐的父亲,并同样自认为是保护和摧毁其高师学生的母亲。格林还纠正了他精神病学同事的诊断,声称阿尔都塞得的不是"纯粹的"躁狂性-抑郁精神病,而是更为复杂的精神病,这种精神病会导致他采纳"精神病式的生活风格"。格林随后强调在阿尔都塞那里,时而有一个被杀的孩子,时而有一个死去的孩子,而埃莱娜对他来说首先是母亲,之后才变成父亲。

最后,格林谈到了对一次相遇的回忆,在这次相遇中,他曾经运用其精神分析知识来为阿尔都塞带来所谓的安宁:"阿尔都塞的朋友希望有一个精神分析师能够接

---

① André Green(1927—2012),法国精神病学家和精神分析学家。——译注

替他自己的精神分析师。有人给我打电话,希望我去帮助他更换精神分析师……因此,出于友爱,我见了他,并说了我所想的。路易坚持不懈地问我:'但为什么我杀了埃莱娜,为什么,为什么?'我最后回答:'你杀埃莱娜是为了不必杀了你的精神分析师。'这时,他听到我的解释就好像天塌了一样。'什么!'然后,他惊恐万分地站起来,坐到他的床边,打开床头柜的抽屉,拿出一大块巧克力贪婪地吞食起来。"格林极有道理地强调了阿尔都塞习惯于喂他母亲巧克力,因此做出结论说,阿尔都塞自己只不过是一个"被喂养的母亲",一个被永久抛弃的幻觉萦绕着他。格林对自己的解释感到非常满意,并不顾明显事实地肯定,她在阿尔都塞那里取得了有益效果[①]。

路易·阿尔都塞曾经很贪吃,他甚至能够以非常张扬的方式吃东西。他不断声称要换精神分析师。好多次,他问我要地址,甚至坚持要为我母亲热妮·奥布里治疗。但所有这些要求,都是以一种在改变观念本身上兜

① André Green, « Analyse d'une vie tourmentée », entretien avec Catherine Clément, *Magazine littéraire*, 309, novembre 1992, 第31页。

圈子或逃避的方式进行的。在阿尔都塞的声明中,他要做的好像是要用他的话语揭示某种独立于所有相异性的幻觉。他越向他的对话者充塞要求,他越是设法让这些回复无效,也就是说,这些回复已经被纳入某种话语性组织之中,这个组织唯一的目的就是使得一个高度仪式化的禁闭循环成为永恒。另外,这也是为什么我习惯于只用具体的行动回答他:要么是给他地址,要么让他见到他想见的人,不设置任何治疗性思想背景。

结果就是,没有任何证据可以肯定:阿尔都塞采取了一个食人母亲的位置,以及杀死埃莱娜是为了避免杀死他的精神分析师。但这却让人思考,安德烈·格林发明这样一个阐释,只不过是以幻觉的方式,在回应一个本来就旨在让她进行谵妄的提问。实际上,阿尔都塞非常清楚他的对话者在何种程度上谴责其精神分析师的实践。而且,每次有人试图干涉他与狄亚特金所保持的移情式关系时,他总是假装想要走出这个关系。而这个游戏始终是悲剧性的。

对这个杀人场景最怪诞的阐释之一当归属于让·阿卢什(Jean Allouch)。阿卢什强调阿尔都塞的"骗局"就是不让拉康做他的精神分析师,他肯定说,与狄亚肯相反,拉康会冒险不让阿尔都塞入院,如有必要还会任由阿尔都塞自杀,以此不对阿尔都塞的绑架进行让步。阿卢什补充道:"……只有一个女人做到了,一个鼻子极有特征的犹太女人,一个充满痛苦的脑袋,一个严词拒绝的人,她提请我们注意这是真的,但为此她不得不付出她的生命。她对于阿尔都塞来说扮演了迫害点的角色……阿尔都塞称其为'国家意识形态机器',并将之写作'AIE'[appareil idéologique d'état,'国家意识形态机器'首字母大写]。当然,这三个字母的组合是一种截头表音法。但怎能不把它转读成感叹词'哎咿①(aïe)!',这个埃莱娜·乐果天·里特曼从未发出的感叹?"②

我们知道拉康常常花时间向所有人提出躺到他的长沙发椅上。尽管如此,在他与阿尔都塞的关系中,拉康特别小心地避免这种暗示。我们也知道,拉康为了他自己或为了别人,也会毫不犹豫地让危险的病人住院。我们

---

① 法语感叹词,表示痛苦或忧虑、厌烦。——译注

② Jean Allouch, *Louis Althusser. Récit divan*, Paris, EPEL, 1992, 第51页。

也可以合法地假设阿卢什关于能指的游戏(AIE/ aïe,"国家意识形态机器"与"哎咿"的关联),在这里关联着一个与反犹话语(犹太女人的鼻子)最为不确定的参照,这揭示了一个非常奇怪的方法。以此之名,他诉诸的不是杀人场景的现实,而是那个假装对之进行评论而实际上却对之进行歪曲的人自身的幻觉事实。

因此,阿尔都塞的文本再次提醒了精神病理学的官方代表们,精神分析知识的严格性有时可以让一个主体——杀人者中最疯狂的主体——,以自我惩罚为代价,通过 10 年的内在放逐,再次擅用其罪行(所犯下并愿意承担责任)之命运的意味①。

但如果这个自传在 20 世纪末法国哲学话语的历史中保有这样一个地位,即引发着憎恶、怨恨或谵妄,这也是因为它颠覆了这种类型叙事本身的所有规则。阿尔都塞没有进行透明、内省、寻找自我和回忆的游戏,他在多

----

① Gérard Pommier 的著作 *Louis du néant. La mélancolie d'Althusser*, Paris, Aubier, 1998,在极大地受到 Yann Moulier-Boutang 工作的启发下,详述了阿尔都塞的忧郁历程,相对于阿尔都塞的自传,并没有提供任何新观点。

重刻面之下,在一个又一个主体之间、一个又一个时代之间跳跃,以此向读者进行自我呈现。有时他自相矛盾或搞错了事实,甚至说自己是骗子或从未读过一行弗洛伊德的著作——更甚或他几乎不了解马克思。阿尔都塞采取了一种荒诞的姿态①,他试图扭曲自己的思想,并以溯及既往的方式,将他的思想变成某种玄虚化的表达。

阿尔都塞将私密告解、幻想和对自我的审视混在一起,不断在其未来的评论者心灵中播撒疑问,就好像知道他永远也不用回答他所陈述的内容——因为在该书出版之际他就已经死了——,他以一种半悲剧、半骷髅舞的语调,对必须展示他的"案例"之境地进行报复。他以结构的方式将自己认作"父亲的父亲",他也必须传递一个教训(这也是这部自传的重要主题之一),并做出总结,尤其是在他的学生和弟子面前,在他给 20 世纪哲学所带来的思想面前。在某种程度上,他必须给后人解释。风暴以

---

① 在阿尔都塞的第一部自传《事实》(*Les faits*)中,他已经采取了这种态度。Éric Marty 满足于字面意思,将阿尔都塞视为对"百万死者"负有责任的真正骗子。(*Louis Althusser*, *un sujet sans procès*, *op. cit.*, 第141 页)

最糟糕的方式侵袭了他——尽管作为共产主义战士,他从未参与任何有形的战斗:既没有参与反殖民主义的战斗,甚至也没有参与反斯大林的斗争——虽然他是斯大林主义的最大解构者和凶猛的敌人。他的所有参与都凝聚于笔上的战斗,虽然有时因退隐于忧郁之中而被打断;但阿尔都塞正是通过闪耀的写作,而从来不是通过严格的政治行动,引起了全世界的关注。

所以,1980 年 11 月 17 日的行动,或者那个使他成为杀人凶手的行动片段,对他来说成为重大行动:甚至是唯一一个他需要做出回答的行动。因此,对这个行动的叙述,只能对一个生命的意义和一本著作的含义提供最真实的见证。

换句话说,正是因为阿尔都塞接受用笔来面对杀人场景——更或是面对这个不可命名之场景的现实——,他才**事后**察觉他作为知识分子的命运。这也是为什么也许这个自传最美的篇章,就是那些谈论他参与马克思主义的篇章。身体的、有形的、性的、生死攸关的参与。在关于身体的斯宾诺莎式理论中,在马基雅维利的**时机**之中,在一个权威能够结束"一切人对一切人的战争"(从霍布斯到卢梭)的观念中,在马克思的唯物主义之中,以及在政治行动最纯粹的概念形式之中,在每次解读的时候,在整个他与亲近之人——朋友或学生——所进行的集体工作之中,他遇到了他自己"首先是碎裂和丢失之身体的经验,一个不在场之身体的经验,所有在自我这里被重组、被发现的巨大的恐惧和希望……我们因此能够重新安置自身的身体,撤销这个我们自由和强烈思考的、被我们占为己有的东西,从而用自己的身体,甚至在自己的身体中、从自己的身体中正确地思考,简言之,*身体能思考*,通过并在对其力量的发挥中思考,恰当地为自己骄傲……"①

阿尔都塞这种对概念事物充满激情的俯视,伴随着某种对政治现实的无知,以至于在阐释空间和实践空间之间存在着差距。因此,在阿尔都塞的思想中如此呈现的身体,一旦显示出面对事件的危险时就会消失。1968年5月,对革命那么充满梦想的路易·阿尔都塞,封闭在诊所里度过了春天和一部分夏天。确信法国共产党背叛

---

① Louis Althusser, *L'avenir dure longtemps*, *op. cit.*, 第 211 页。

了工人阶级,拒绝转向暴动之后,阿尔都塞看不到人民有与青年学生不一样的诉求。

青年学生关心的是进入新的主体性自由,他们挑战所有学院派:大学的学术权威,传播知识的方式,过去家长制独裁的僵化,对自由充分发展以及无限制的性的桎梏。尽管为了更好地领导斗争,造反者采用了出自马克思主义实践的语词、概念和口号,但他们已经处于这个话语之外。他们用过去的语词、用难以置信的独断来谈论他们的梦想,没有觉察到属于过去的浮夸辞藻与扎根于切近未来的憧憬之间存在着不一致。

他们还斥责阿尔都塞仍然身心都依附于一个正在消亡的政党,依附于某种过时的共产主义形象,然而,这些青年学生自己才是那些最陈旧共产主义形象的代表,在这点上,他们比阿尔都塞更甚,但也只是在表面上如此而已。结果就是,路易·阿尔都塞没能将哲学遗产传递下去。他在迫使自己进入封闭的内在批判和推动学生反过来行动的颠覆性教学之间摇摆,他成为自身绝境的受害者。

这也说明了为什么当法国共产党的领导决定放弃无

产阶级专政,并将其从章程中删除的时候①,阿尔都塞感受到巨大的痛苦。他说,我们不能像抛弃一只精疲力竭的狗一样抛弃一个概念。他将这一举动视作理论灾难,因为在他眼里,这意味着一小撮官僚主义者以机会主义为由,专横地窃取了会给思想体系带来伤害的权利,而这个权利,在某种程度上,则是这个思想体系自身不可缺少的部分。这种置于死地的状况,使得阿尔都塞再次陷入风暴之中。

阿尔都塞死后 3 年,德里达受邀到加利福尼亚大学做一个题为"马克思主义将去何方?它是否正在衰亡?"(«Où va le marxisme? Est-il en train de dépérir?»)的报告。这个解构哲学家从来既不是马克思主义者,也不是共产主义者,也不是任何政党成员。他的参与在别处。但在苏维埃体系完全崩塌的时代着手这样一个主题,使

① 这个决定是由 Georges Marchais 于 1976 年 2 月法国共产党第 22 届代表大会上做出的。无产阶级专政可以被定义为"一系列无产阶级必须运用的过渡时期政治手段,用以在革命危机中取得优势并由此解决这个危机"。这种专政关联于某种例外状态,具有实用的功能。参见:Georges Labica et Gérard Bensussan, *Dictionnaire critique du marxisme*, Paris, PUF, 1982. Étienne Balibar, *Sur la dictature du prolétariat*, Paris, Maspero, 1976.

德里达得以用一种新的方式反思马克思的著作。

德里达决定提出一个批判式的观察,但既不是关于中国的,也不是关于东方国家的,更不是关于任何共产主义、新共产主义或后共产主义政党的。在此特定时机,德里达倾向于在马克思的奠基性著作与共产主义历史的关系上进行反思:"一个幽灵萦绕着欧洲:共产主义幽灵",马克思在著名的《共产主义宣言》开篇如此写道。德里达回应说,如今有人到处声称:马克思死了,他的尸体在某个确定的地点腐烂着,他再也不会来扰乱西方的良好意识了,那么,萦绕着这些躁狂的、兴高采烈之话语的新幽灵,它的本性是什么?

《马克思的幽灵》(*Spectres de Marx*)可能是德里达最美妙的书之一,我们完全可以理解它在全世界取得成功的理由。德里达没有转向过去或怀旧地追忆过去的时代,他号召一个新的战斗,来反对技术科学耀武扬威的力量——这些力量假装以马克思主义时期的死亡证明为依据,来强加一种世界性秩序——在这个秩序中,人在民主理想行为的掩饰下,只不过是一个更加受奴役的商品:"因为在某些人胆敢以自由民主(最终将自己视作人类历史的理想)之名进行新式传道的时候,必须叫喊,而不是欢呼自由民主理想、资本主义市场在历史终结的惬意之中到来了,而不是庆贺'意识形态的终结'和伟大解放话语的终结。永远也不要忽略这个宏观上的明显之事,这个无数个体受苦的事实:任何进步都不能忽视,在地球上,从来没有,在绝对数字上,从来没有如此之多的男人、女人和孩子被奴役、忍受饥饿或被灭绝。"①

在德里达撰写这个将以《马克思的幽灵》为名出版的报告之时,他考虑的是刚刚宣布废除种族隔离的南非。他知道一个共产主义战士刚刚在那里被杀害:"……我提醒大家,这是一个*这样的*共产主义者,一个作为共产主义*者的*共产主义者,我提醒大家,一个波兰流亡者及其同谋,所有谋杀克里斯·哈尼②的凶手,前些天被处以死刑。凶手们自己宣称他们在指责一个共产主义者,因此他们试图阻止协商,破坏一个正在进行的协商……请允

---

① Jacques Derrida, *Spectres de Marx*, Paris, Galilée, 1993, 第 12 页。

② Chris Hani(1942—1993),南非科萨族政治活动分子,南非共产党总秘书。1993 年 4 月 10 日在家中被波兰裔南非政治政治活动分子、激进极左派 Janusz Waluś 杀害。——译注

许我向克里斯·哈尼致敬,并将这个报告献给他。"①

在这个由衷的弗洛伊德式文本中,在这个由号召希望——"我最终想学会生活"——所开启的文本中,德里达(并未明说)向他的朋友路易·阿尔都塞致以了最后的敬意,向这个经过了 10 年幽灵般存在之后,最终只是成为了杀害自己的凶手的人致敬。他不是**作为共产主义者**,不是被杀害的战士,但是一个在罪行世界的地狱般循环中——以共产主义之名犯下种种罪行,将一个概念置于死地,杀死一位女性抵抗者的凶手,共产主义理念的战士——被迫游荡的共产主义的思想家。

---

① 同前,第 141 页。

第五章

吉尔·德勒兹:反俄底浦斯式变奏

"有一天,也许,这个世纪将是德勒兹的。"福柯的这个预言可以追溯到 1969 年,它是在《差异与重复》(*Différence et répétition*)和《含义的逻辑》(*Logique du sens*)①出版之际宣告的。这个宣告让人产生这样的理解,即与黑夜小径上的哲学家[福柯]产生过争论的人中,只有吉尔·德勒兹具有某种天赋,这个天赋不是让他进入先贤祠或后继有人,而是使他成为哲学革新的孕育

　　① Michel Foucault, *Dits et écrits*, *op. cit.*, vol. II, 第 75 页。Gilles Deleuze, *Différence et répétition*, Paris, PUF, 1969; *Logique du sens*, Paris, Minuit, 1969.

者——这将使他成为现代最伟大的哲学家。

德勒兹投入左翼极深,从来既不是现象学家也不是海德格尔著作的批判读者,他也是本书所展现的六位哲学家中,唯一一个不是巴黎高师学生,而仅仅是一位哲学老师的人①:他曾执教于亚眠和奥尔良的高中,然后执教于巴黎的路易大帝高中和索邦,随后在里昂,最后,1968年五月风暴后,在位于文森纳的巴黎八大——在这里,德勒兹在他感到惊奇的学生面前,在与菲利克斯·瓜塔里的接触之中,日复一日地"创作着"他最为反传统的作品:《反俄狄浦斯》(*L'Anti-Œdipe*)。

德勒兹非常重视评论古代文本,他首先将自己放在某种哲学史家的位置上,这也批判了这样的观点,即对哲学史的教学会成为概念创造的障碍。但德勒兹也自认为属于被哲学史毫不夸张地扼杀的一代:"只要你没有读过这个或那个,关于这个的那个和关于那个的这个,你甚至不敢以自己的名义说话。"②

---

① Gilles Deleuze 曾经教授哲学 40 年。参见:*L'Abécédaire de Gilles Deleuze*, film de huit heures, avec Claire Parnet. Réalisé par Pierre-André Boutang, éditions Montparnasse.

② Gilles Deleuze, *Pourparlers*, Paris, Minuit, 1990.

在很长的岁月里,德勒兹理解和教授哲学史的方式就是将之看作是某种"鸡奸,或异曲同工地,无瑕疵领会。"他想象着"来到一个作者的身后,使他生一个自己的畸形孩子"①。随后,对尼采著作的解读,以及与文学文本、电影、流行歌曲和绘画的概念关系,使他朝质疑方向发展,这不是破坏性的,而是批判性的,甚至是解构性的。德里达说:"尽管有诸多差异,我一直认为德勒兹可能还是我与这'一代'最接近的人。"②

德勒兹与德里达和福柯一样,被人憎恶。他也与苏格拉底一样,被指责用他的教学败坏青年,他被指责生活中无节制地嗜好麻醉品和酒精。因为写了《反俄狄浦斯》,他还被人视作堕落之人,会去"颓废的肥料上为腐败物唱赞歌"③。最后,他也被视作反犹主义者,因为当某个文化部长针对一部被判定为反犹的电影颁布禁令并撤除海报时,他曾经对此表示抗议。实际上,德勒兹反对的

---

① Gilles Deleuze, *Pourparlers*, Paris, Minuit, 1990.,第 15 页。

② Jacques Derrida, *Chaque fois unique au monde*, *op. cit.*, 第 236 页。

③ Bernard-Henri Lévy, *La Barbarie à visage humain*, Paris, Grasset, 1977.

是这种审查,质疑所有窃取艺术作品内容裁判权利的协会,即使这个作品是有问题的,但这种审查使艺术作品未经辩论就被取消,甚至没有能力进行争议①。

事实上,德勒兹以其矛盾的态度,即似乎总是逆理性话语而上的态度,扰乱着其对话者和读者。德勒兹是激进和嘲笑、怪诞和卓越、梦想和欲望的哲学家。德勒兹可能是世界上最不浪漫的哲学家,但他为某种创造性天赋的炽烈激情所推动,这使他对艺术、诗歌和文学最为乌托邦但同时也是精妙的表现格外敏感。

例如,德勒兹并不迟疑于宣扬某种机械主义的唯物论,而这种唯物论以精神活动与大脑活动之间存在强大连续性的观念为中心。德勒兹与他所赞赏的他的老师康吉兰相反,他认为有一天科学可以——通过大脑的想象——证明,大脑能够——作为如此这般的大脑,并以不

---

① Gilles Deleuze, « Le Juif riche » (18 février 1977), in *Deux régimes de fous. Textes et entretiens* 1975—1995, édition préparée par David Lapoujade, Paris, Minuit, 2003, 第 122—126 页。这涉及到丹尼尔·施密德(Daniel Schmid)的电影《天使的阴影》(*L'Ombre des anges*),这部电影是关于的赖纳·维尔纳·法斯宾德的电影剧本,有 50 多人为之签署请愿书,"要求反对不负责的行为,即不分析电影的结构",并"反对禁止电影想象力的暴力行为"。

为任何主体性所知的方式——创造艺术的概念和作品。但也因此，德勒兹从来都不赞同科学主义、认知主义和大脑心理学的门徒们过于简单化的方法，他还认为，所有在人类行为与动物行为之间所进行的比较都会走向法西斯主义。并且为了颠覆这种方法的观念本身，德勒兹很自然地表示：这种人类与动物的关系类型使他感到恐惧，在他眼里，这只会引致人的动物性未来，而人则显现出能够以动物性措辞思考动物，并将人暴露于动物性（超出人自己）的威胁之下[①]。

德勒兹与他的朋友福柯一样，鄙视医学权力，憎恶科学宗教的所有形式；与康吉兰一样，将规范心理学视为野蛮学科。因此，德勒兹不能容忍如今的一个主流观念，即人是可以"进化"，可以被工具化，可以被化约为一个事物、末人，甚至更糟糕地，被化约为末等事物：惰性物质，碎屑。德勒兹是一位总是处于延期的结核病患者，他认为每个个体主体应该能够在其医生的帮助下——不是在

---

① Gilles Deleuze, *Abécédaire*, *op. cit*. Et « Huit ans après. Entretien avec Catherine Clément», in *Deux régimes de fous*, *op. cit*., 第 165 页。

使人异化的权力支配下——，自由地使用麻醉品和药物。他说，任何个体都有权利选择自己的命运，甚至可以以生命危险为代价。一个主体之所以是一个主体，因为他首先是一个非-主体，也就是说一个多样化的、解域的独特之人。

最终，德勒兹是我们可以想象的最为"反安全"的哲学家，最反对墨守成规、最具有腐蚀性、最不顺从所有（文化的、自然的和人的）破坏意图的哲学家，而这些破坏意图已经成为我们时代——他已经预示了这个时代的到来——的共同命运。德勒兹还在最大程度上赞赏萨特话语的颠覆力量，他说："萨特是一位可怕的论战者……任何天才都有对自己的滑稽模仿。但什么是最好的滑稽模仿？成为一个合适的老头，成为一个卖弄风情的精神权威？或是自称解放运动的傻瓜？把自己看作院士或梦想成为委内瑞拉游击队员？"[1]

不过，德勒兹并不是无限享乐的信徒——他也说，这

---

① Gilles Deleuze, « Il a été mon maître », in *L'île déserte et autres textes. Textes et entretiens* 1953—1974. Édition préparée par David Lapoujade, Paris, Minuit, 2002, 第 113 页。

总是毁灭性的——，他乐于强调哲学永远也不能为了摧毁一个别人的学说，而任由被工具化：没有致死的斗争，但有冲突的必要，有寻找那个在自己这里和在别人那里最为冲突之物的必要。

以此同一视角，德勒兹认为一旦主体开始转化为不能工作的萎靡之人，对有害物质的摄取就应该停止。这就是底线。因此，德勒兹也不会迟疑去做一个好的道德家，赞美对自我的节制和控制。正是在这同一精神下，德勒兹指责医学权力的代表——尤其是精神病学家——在医院里，用愚蠢和过度的药方，通过进行精神病理学的强制，制造了真正的被剥夺了"真实"疯狂的精神疾病。

其结果就是，德勒兹拒斥的不是作为医疗科学的医疗科学，不是对心理现象的生物学处理方法，而是对存在进行医疗化的一切形式。无论怎样，德勒兹从来不会自称是危险物质的传道者，他也从来没有鼓励学生服用麻醉品。我可以为此作证，因为我曾经是他的学生，而我也并不赞同他的立场。他不做判定，他不进行正常化。在爱情、友谊和他所进行的教学中让他感兴趣的，是了解属于每个个体性本身的阴暗和异质部分，了解其狂妄（hubris）。德勒兹认为，只有进行人格解体，换句话说，向多样性敞开，才能让每个人以自己的名义说话。

在这点上，德勒兹处于某种同时是斯宾诺莎主义和完全伦理的传统，在最高程度上代表了所有"少数群体"（疯子、流浪者和同性恋者）的痛苦。从某些角度来说，这位不合时宜、充满应激反应小纤维和偏离符号秩序中心的伟大哲学家，与雨果式高尚传统联系在一起，同情穷苦和不幸者，同情所有时代中社会、政治、种族和性迫害的受害者："被侮辱的"受害者、被化简为"废品"状态的受害者。

正是在富有经验的德勒兹主义者迪迪埃·埃里蓬笔下，我们看到了德勒兹所憎恶的卑鄙的不公正待遇之最动人心弦的见证。与那些抑制性权力制定或认可的不公正待遇相反，这些不公正待遇在民主社会的核心之中，在最庄严的规范表面之下，它们是惯常的行为，不可能克服。埃里蓬转述了这样一件事："我们在（同性恋）酒吧门前的人行道上停留了一会儿，犹豫着是否要进去。一辆汽车过来，车窗摇了下来，里面四五个小伙子冲我们大声辱骂：'鸡奸者，鸡奸者……'……汽车停了下来，车里的一个人朝我吐唾沫，我都来不及后退。口水的细流在我的蓝色海军衫上形成了银色的星状裂纹。我的身体开始极度恶心地(生理上的)干呕。离呕吐出来只差一步。我记得乔治·杜梅泽跟我说过,在战争期间,有一次,他拜访了他的老师和朋友马塞尔·莫斯①,他第一次看到黄色的星星缝在外套上。他的目光无法从这个可怕的印记移开。这个伟大的社会学家对他说:'你在看我的唾沫[勋章,法语多义词]。'我很长时间都是以一种最简单的方式来理解这句话:莫斯想对杜梅泽说,他把这块黄色小布看作人们砸在他脸上的污秽、肮脏之物。但随后,有人告诉我我错了:莫斯用的肯定是'crachat'这个词的'勋章'之意。实际上,这个词有一个古老和大众化的意思,即徽章、纪念章、勋章。"②

内心萦绕着这样一个他(出于反对将生命化简为"小小私人事件")从不言说的创伤,德勒兹宣告了一个完全

---

① Marcel Mauss(1872—1950),法国人类学家、社会学家和人种学家,主要成就是对原始宗教和祭祀的研究。结构人类学创始人列维·斯特劳斯受其影响。——译注

② Didier Eribon, *Sur cet instant fragile. Carnets*, *janvier-août* 2004, Paris, Fayard, 2004, 第186—187页。还可参见:*Réflexions sur la question gay*, Paris, Fayard, 1999, et *Une morale minoritaire. Variations sur un thème de Jean Genet*, Paris, Fayard, 2001.

顺服于市场法则和事物政治①的既没有文化也没有灵魂的一维世界的来临——某种生产悲惨之人(科塞特、冉·阿让、泰纳尔迪埃和雅维尔特②)的工厂。

甚至在将这个表达概念化之前,德勒兹就已经感受到了它意味深长的力量。1936年夏,11岁的德勒兹在与家人在一起的时候,就亲眼目睹了布尔乔亚们在工厂的无数男男女女工人始料未及的涌现面前,所体验的巨大恐惧:这些工人们第一次侵入了"他们"的领地:沙滩、海边、河流、道路、田间,复合的和强化的空间,以及进行盛大自行车之旅的那些无尽场所。

从这个海侵式的场面中,德勒兹留下的记忆是法国被一分为二:一部分人是反动的、家长制的、家庭化的和领土化的,德勒兹对这一部分人总是充满恐惧,他知道这一部分人永远也不会原谅"犹太人"莱昂·布卢姆③如此

①　参见:Jean-Claude Milner, *La Politique des choses*, Paris, Navarin, 2005.

②　均为《悲惨世界》中的角色。——译注

③　Léon Blum(1872—1950),法国政治人物,社会主义要人,工人国际法国分部(Section française de l'Internationale ouvrière, SFIO)的领导者之一,"人民阵线"时期两次担任法国部长会议主席。——译注

损害他们的地理特权；另一部分人是根茎式的、机械化的和去领土化的，他们在高兴地看着让·雷诺阿①的电影或听着夏尔·特雷内②和艾迪特·琵雅芙③的歌曲时，很快就有了自我认同的欲望。随后，德勒兹成为普鲁斯特、扎赫尔·马索克④、刘易斯·卡罗尔⑤以及很多其他作家的忠实读者。

　　工厂对剧场、人群对自我和超我式动物园的封闭领域、大陆对民族国家、流溢的颠覆对倒钩或边界、总是运动中的褶曲的琐屑对织物完全光滑和熨帖的固定性：这

---

　　①　Jean Renoir(1894—1979)，法国著名电影导演，诗意现实主义电影的大师。1935年法国"人民阵线"运动高涨，雷诺阿深受进步思潮的影响，拍摄出一系列富有进步倾向的作品。——译注

　　②　Charles Trenet（1913—2001），法国国民歌王。著名歌曲有《海》、《我们的爱还剩什么》、《温柔法国》、《嗮》。——译注

　　③　Édith Piaf(1915—1963)，法国最著名也是最受爱戴的女歌手之一。最著名的歌曲包括《玫瑰人生》、《爱的礼赞》、《我的老爷》和《我无怨无悔》。她举行了国葬。——译注

　　④　Léopold von Sacher-Masoch(1836—1895)，历史学家和作家，马索克家族曾是斯拉夫人、西班牙人和波西米亚人。马索克作品的灵感都是来自他的乳母给他讲述的斯拉夫民间小说，在这些小说中，女性扮演着主要角色。马索克的乳母也是第一个给马索克以残酷品味的人。受虐狂(masochisme)一词即来自马索克。——译注

　　⑤　Lewis Carroll(1832—1898)，英国数学家、逻辑学家、童话作家、牧师和摄影师。代表作《爱丽丝漫游仙境》(1865)和《爱丽丝镜中世界奇遇记》(1871)。——译注

就是德勒兹工厂非凡创造物的果实。这位根茎哲学家炸毁了哲学话语固有的古典表征,更喜欢在原初场景的后台(制造概念的真正机器)中缓慢前进,而不是用评论不断重新创造哈姆雷特、安提戈涅或俄狄浦斯的系谱学。

德勒兹既不喜欢悲剧,也不喜欢悲剧评论,不喜欢思想流派——不管是苏格拉底的、亚里士多德的、维特根斯坦的或者弗洛伊德的——,他说,因为这些流派总是有扼杀创造性的威胁,它们将独特性化约为家族性和有组织的集体特性。但他也不认为可以通过自发的行动"解放"欲望。他以非常精细的方式更倾向于主张:欲望本身是无意识的工作,这个无意识被设想为有关动物和具有音乐性之领地的布局①,而不是像某种剧场或某个"他者场景"。

德勒兹还从他在尼采著作的解读中得出这样的观念,即必须颠覆柏拉图主义,以便在观念和观念重复的幻影背后,重新找到狄奥尼索斯式混沌——痛苦、喜乐和无

①　Gilles Deleuze et Félix Guattari, *Mille plateaux*, Paris, Minuit, 1980; « Huit ans après. Entretien avec Catherine Clément », in *Deux régimes de fous*, *op. cit.*, 第 162—166 页。

序的事实,节日般的、不合时宜的混沌:"哲学并不是在大森林或山林小径中制造出来的,而是在城市、街道,包括在这其中最为**造作**的事物中制造出来的。"①由此以来,德勒兹试图将某种多样性的存在论与事件政治关联起来②,并参照赫拉克利特的理论,指出没有同一的重复(没有人能够两次踏入同一条河流),而且一切现象总是多样的,就像不可还原为唯一性的流溢③。

对于所有那些认识菲利克斯·瓜塔里,并参加过德勒兹 1969 年至 1972 年在巴黎八大举办的令人印象深刻的研讨会的人(比如我)来说,《反俄狄浦斯》是一部伟大的著作。另外,这本书还见证了两个人通过一个写作所表达的颠覆教条的共同意志,两个朋友共同给予了当时精神分析的因循守旧一个关于愉悦、反叛和自由的教训,我们希望这个教训今天能够——当然,是以其他形

---

① Gilles Deleuze, *Logique du sens*, *op. cit.*, 第 306 页。

② Patrice Maniglier et David Rabouin, «Quelle politique?», *Magazine littéraire*, 406, février 2002, 第 53 页。Toni Negri 与 Michael Hardt 的作品《帝国》(*Empire*)(Paris, Exils, 2001)正是立足于此。

③ 参见:Frédéric Streicher, «À propos de *Différence et répétition*», *Sciences humaines*, 3, mai-juin 2005.

式——重获生命。

在这个时期，德勒兹头脑中已经有了他的著名概念"欲望机器"。而瓜塔里与福柯不同，他与英国和意大利的反精神病学家的一样，但通过另外的概念性，想要提出并可能也要去解决疯狂的本性问题。疯狂是精神疾病还是旨在颠覆已有秩序的独特反抗呢？

因此，两位朋友开始像人们撰写歌剧一样，着手构造《反俄狄浦斯》。在以"您"相互称呼的书信交换为基础，通过根茎式修辞所主导的漫长写作过程，这本书直至其形式，都与"一"——即结构或符号秩序——的统治背道而驰，它具有欲望的机器性和复数性本质，它是一个冲动和幻想的工厂，它是唯一能够颠覆俄狄浦斯式和家长制独立主义理想的著作。

德勒兹和瓜塔里，一个是宅居式和尼采式的苏格拉底，具有对语言和思想令人钦佩的掌控，一个是永无止息和发散性的旅行者，同时居住在本身就多样化的多个地点。他们二者的结合助益颇多，因为它诞生了这部著作，这部被全世界阅读和翻译，并持续不断地被全世界评论着的著作，即使不管怎样，这本书的组合方式仍然是个谜

（不过如今，我们知道是德勒兹最后完成了这部著作，尽管他总是强调，没有瓜塔里，他永远也不会写这本书，包括他们其他的共同著作）。两位作者说："做一只粉红豹，让你们的爱仍然像马蜂和兰花、猫和狒狒。"①

在巴黎八大，德勒兹每周都会在学生面前谈论他在一本书中的探险，这让人以为他在以狂热和公开的话语为线索独自写作。《反俄狄浦斯》就在那里，在课堂中，德勒兹以他独有声线风格的音调，用他诗歌般的篇章，在每个着了迷的当事人心中倾注着一个如此多样化的神。

这位属于人群和多样性的哲学家表示，他要以公设为基础，重新思考人类社会的历史；而依据这个公设，资本主义、专制暴政和封建主义就会在一个"成功的"——也就是摆脱了所有精神病学话语控制的：处于自由状态的、脱离了异化的疯狂——精神分裂症的欲望机器中找到其限度。正是在这点上，德勒兹展开了对精神分析的重要批判，展开了对弗洛伊德构造物中最为心理化的纪

① Félix Guattari, *Écrits pour L'Anti-OEdipe*, textes agencés par Stéphane Nadaud, Paris, Lignes & Manifestes, 2005.

念碑(俄狄浦斯情节)的攻击;在弗洛伊德的继承者笔下，俄狄浦斯情节已不再是对古代悲剧的重新评论，而成为规范化力比多和制造守旧家族主义理想的机器①。

为了脱离这种对存在的心理化，这两位作者主张将所有来自精神分析的结构、符号和指称理论，替换为一个能够转译复数欲望之机器本质的多值概念。对立于唯一能指的统治，正如对立于专制的俄狄浦斯，德勒兹提出了分裂-分析理论，这个理论是建立在所谓唯物主义的且受马克思主义启发的精神病学基础上:"一种唯物主义的精神病学，也就是在欲望中引入生产，且反过来，在生产中引入欲望。谵妄，不能归诸父亲甚至也不能归诸父亲之名，而是应该归诸历史之名。他就像巨大社会机器中欲望机器的内在性。"②

由于《反俄狄浦斯》自称对解放理想进行了重要的综

① 关于重新找到弗洛伊德式俄狄浦斯的特征以便将其"去心理化"的必要，参见:Élisabeth Roudinesco, *La Famille en désordre*, Paris, Fayard, 2002.

② 在《哲学与权力的谈判》(*Pourparlers*)中，尤其是在 Robert Maggiori 与 Didier Eribon 所进行的对话中，德勒兹与瓜塔里很好地说明了《反俄狄浦斯》与《千高原》这两部著作。

合,这部著作合乎逻辑地成为当时精神分析(尤其是拉康式教条主义)之因循守旧以及俄狄浦斯式心理学教科书的主要批判目标。但由于瓜塔里隶属于拉康群体,隶属于来自机构化和动态精神治疗的精神病学传统,这本书并没有在精神病临床方法上制造任何革命。

不过,对于所有认为生命本身就是穿越混沌经验的人来说,这本书被认为是一部革新性的著作,因为德勒兹乐此不疲地指责所有关于历史终结和人之终结的意识形态,以此来废除它们的虚无主义和反动特质。德勒兹大概是这样说的:人类动物应该面对超越了他——超越了他最极端的激情和欲望——的事物,也就是面对**多样性**和存在的喧哗,否则就会陷入新的奴役形式,即一的无形的新法西斯主义,这种新法西斯主义一直在表面上看来最为民主的社会中运行着①。

当然,反俄狄浦斯的计划从未实现。与其说是在挑

---

① "是的,德勒兹是我们伟大的物理学家,他为我们沉思了星辰的火焰,探测了混沌,采取了器官生命的方式……他是那个不能忍受'潘神已死'的人"(Alain Badiou, *Deleuze*, Paris, Hachette, 1997,第150页)。

战家庭秩序,不如说所有这些被排斥的人——尤其是同性恋——在寻求与家庭融为一体,以此从其内部改变它,并创造新的欲望政治。至于德勒兹和瓜塔里想要从俄狄浦斯话语控制中解放出来的疯子,则永远也不会成为社会颠覆的英雄。这些疯子接受着药物治疗,遭受着新精神病学秩序的简单化归类,他们如今首先是被归为精神疾病,很少被看作是寻找多样化大陆的兰波式旅行者。

[在战争期间,]德勒兹还太年轻,无法投入到反纳粹的战斗中,他是在仰慕萨特这样一个反殖民斗争的形象中接受的经典哲学教育,因此随后才与福柯为少数者和被排斥者的伟大斗争相汇合。正是在这个接触中,黑夜小径上的哲学家[福柯]才了解到,反俄狄浦斯主义在何种程度上会在所有精神分析的批判之外,成为解构人类(个体的和集体的)存在近乎法西斯主义形式的理想工具。

在这点上,福柯断定有一天这个世纪会是德勒兹的世纪,这也许是有道理的,因为也许有一天,这个世纪会像德勒兹所想象的噩梦:某种日常法西斯主义的上台,这个法西斯主义不是墨索里尼和希特勒在历史上的法西斯主义——这个法西斯主义是如此擅于调动大众的欲望——，而首先和首要的是"在我们每个人中的法西斯主义，它出没于我们日常的心灵和行为，它让我们喜爱权力，欲求这个统治和剥削我们的事物本身。"①

① Michel Foucault, «Préface à l'édition américaine de *L'Anti-OE-dipe*», *Dits et écrits*, III, *op. cit.*, 第 134 页。

第六章

雅克·德里达:死亡瞬间

向死者告别、向这些反抗的哲学家告别的时候来了。这些反抗哲学家彼此如此不同,他们不断争论或相互喜爱,不管我们愿不愿意,我们是他们的后继者。这也是为什么我以向雅克·德里达——我20年来的朋友——致敬的方式来结束本书。德里达是这一代哲学家中最后的幸存者——他是最后一个去世的,也是唯一一个能够在一本书①中,向构成这一代哲学家的大多数人以及还有

————————

　　① Jacques Derrida, *Chaque fois unique*, *la fin du monde*, présenté par Pascale-Anne Brault et Michel Naas, Paris, Galilée, 2003. 在这本书中,集聚了雅克·德里达向罗兰·巴特、保罗·德·曼、米歇（转下页注）

其他很多人告别的人。在这里,我要给德里达的这本书加上某种**附言**,以期向和我有着不朽友谊的人致敬,向在追忆过去、展望未来的行为中最强大的人致敬:学会为明天思考,学会生活,懂得明天要做什么①。

每个主体与死去的友人,故而与死亡和友谊,会维持种种关系,支配这些关系的法则是结构性和普遍的法则,是"不可改变和命中注定的法则:两个朋友,一个看着另一个死去。"②当这个死亡到来,它不仅仅是这样或那样一个生命的终结,而是"某个事物整体的终结。"因此,哀悼是不可能的。但哀悼的缺失可能让那个还活着的朋友发疯,也只有忧郁状态,才让人能够将他人的死亡融于自己、融于生命的延续。

(接上页注)尔・福柯、马克斯・罗络(Max Loreau)、让-马利・伯努瓦(Jean-Marie Benoist)、路易・阿尔都塞、埃德蒙德・雅拜斯(Edmond Jabeès)、约瑟夫・N・里德尔(Joseph N. Riddel)、米歇尔・塞尔维耶(Michel Servieère)、路易・马兰(Louis Marin),萨拉・柯福曼(Sarah Kofman)、吉尔・德勒兹、伊曼努尔・列维纳斯、让-弗朗索瓦・利奥塔、杰拉德・格兰尔(Geèrard Granel)、莫里斯・布朗肖。关于汉斯-格奥尔格・伽达默尔,还可参见:*Béliers. Le dialogue in interrompu entre deux infinis*, *le poème*, Paris, Galilée, 2003.

① 参见:Jacques Derrida et Élisabeth Roudinesco, *De quoi demain … Dialogue*, Paris, Galilée/Fayard, 2001.

② Jacques Derrida, *Béliers*, *op. cit.*, 第20页。

我曾经经历过这种失去,也曾经为去世的亲人或朋友撰写悼词。我也总是在死者刚刚离去之后向他们告别。我从来没有在将死之人(被预先宣告患有不治之症)死亡之前给他们写悼词。

在我看来,似乎谁也不能在死亡来临之前说死亡。如果这种事情发生了,如果悼词预先写就,这就像是一种谋杀,字里行间流露着欺骗。因此,死亡被剥夺了叙述自身死亡的可能,而这样的死亡等同于无。这就是背叛年表,背叛死亡来临、死亡叙事和死亡仪式的必要时间。最终,这是最高的侵越,因为这一在死亡之前将死亡置于死亡的行为,使得撰写这个死亡文本的人成为——当然是幻想中的——悬置时间的主人。实际上,可以说在死亡之前撰写悼念文章的作者,在其所述之死亡来临之时已经死亡。

从**有生之时**宣告最后的分离、宣告永别,这就像交织着体验死亡、遭受死亡、庆祝死亡以及死亡记忆的时刻。告别、永别、告辞,所有这些表达都表明去者将留者的灵魂托付于上帝:并且是**永远**的。告别,也是自身的消失,退出那个曾经生活过的世界,以便进入另一个世界。但

305

宣告永别,向一个死去的朋友说永别,这对于还活着的人也可能是相反的情况,即将死者的灵魂交还至上帝,以便在死亡之外、在友谊的回忆之外获得永生。但这也可能是将见上帝(l'à-Dieu①)转换为一个永别(un adieu),悄悄地从上帝的统治走向上帝之死的统治。见上帝预设着上帝的存在,而永别则预设了上帝的消失。19 世纪初,通过世界上独一无二的判处国王死刑,结合了上帝与皇家统治的关联被摧毁了,在这个革命翌日,法语词汇中建立起永别与再见的区别,这并非偶然。以永别之机消除了见上帝,并诞生了再见。一个世纪以前,人们还会说:别了[见上帝去了],直到再见。

处决路易十六并不仅仅是砍掉了一个国王的头,而是结束了一种君主制度。没有任何永别的仪式,无需将已故灵魂交还上帝,不必别[见上帝]后再见,为了国家的生存,在活着的时候,必须与成为死亡王国的王权永别。

至于对所爱者之死的哀悼,这[在以前]其实从未真

---

① 法语词 adieu(永别)是由 à dieu(见上帝)缩合而来。在世俗化以前,"见上帝"并不意味着"永别",只是普通的道别用语;世俗化之后,"见上帝"便意味着死亡,意味着"永别"。——译注

的发生;正是为了给这个不可能之事赋予意义,弗洛伊德1915 年开始在同一活动中建立和拆解哀悼和伤感的关联,而这则有可能将伤感变成自我陶醉式神经症本身的病理学,而不是主体的遭际。并且,还需要等到死亡冲动概念的发明,等到某些家庭成员(尤其是女儿和孙子)经历死亡的体验,这位维也纳大师才会想到某些哀悼是不可能进行的。弗洛伊德在关于苏菲之死的文章中写道:"我们知道在这样的死亡之后,激烈的哀伤会变弱,但人们总还是无法得到慰藉,找不到替代。所有置身此境的人,即便是全身心投入,也总是他者。而在深层次上,也的确如此。这是唯一使这种我们无论如何也不愿放弃的爱变得永恒的方式。"①并且,"的确,我失去了这个 27 岁的亲爱女儿,但我很奇怪地挺过来了。那是在 1920 年,战争的悲惨消磨着我们,数年来我们都在为我们已经失去了儿子所带来的伤痛给自己做思想工作。我们也是这样准备好服从命运的……自从海娜尔(Heinerle)死去之

---

① Élisabeth Young-Bruehl, *Anna Freud* (1988), Paris, Payot, 1991.

后,我不再爱我的孙子,我不再能从生活中获得喜悦。这也正是冷漠的秘密。人们称其为面对压迫在自身生活上之威胁的勇气。"①

尽管这两个见证相互矛盾,但它们都表明,当一代人的死亡不再是因为战争、传染病、灾难或屠杀而发生,对这个死亡的感受就会被视为病理学。进化规则实际上要求谱系秩序从来都不发生紊乱②。因为在时间的伟大之书中写着:人在其先辈之后、子嗣之前,总是会死去。所以,死亡越是以相反的方向打击这个表面上永恒的命运,幸存者的灵魂就越是会遭受更大的痛苦,更加难以接受这不可接受之事。从 18 世纪末开始,直到 20 世纪末,人们仍然激烈地将对这一秩序的侵越视为不正常③。

德里达所做的永别是从寂静和空无中抽离的语词:"在悼念之中,泪水的滋味,哀恸不断,友谊完全断裂,我

---

① Sigmund Freud et Ludwig Binswanger, *Correspondance* 1908—1938, Paris, Calmann-Lévy, 1995.

② 这也是为什么在索福克勒斯的剧本里,乔卡斯塔(Jocaste)在俄狄浦斯自我惩罚之前自杀的原因。

③ 参见:Michel Vovelle, *La Mort et l'Occident* (1983), Paris, Gallimard, 2000.

必须独自游荡了。"最后,涉及到列维纳斯的时候,德里达说:"但我说过我不仅要重申他交给我们的见上帝(l'à-Dieu)之事,还首先要对他说永别(adieu),用他的名字重申此事,——即使他已经不能回答——就像他也在回答我们,他回答说:'见上帝去了',永别了,伊曼努尔!"[①]

在朋友的墓前,在从此被剥夺了语词的死人面前,这正是用某种对抗来驱散未来的哀恸。说永别,而不是见上帝。如果"每次都是唯一"说的是每个人都有权拥有各自排解的方式,但这个独特方式还是同样唤起失去的重复:"要说的话太多,心和力都不足。我必须独自游荡了。对我来说,从此缺席永不可设想,所发生之事也让人窒息。如何能不颤抖? 怎么办? 何以维系? 言说是不可能的,缄默也是不可能的。我认为不可能的事情就在这里,异乎寻常、无法辩解、不可忍受,就像已经发生了一场灾难,并且还必然会重复。如果今天我只有非常简单的只言片语,请你们原谅我。随后,我争取说得更好些。"我们可以无限增加这些沉浸在哀伤中的语词,这些德里达所

---

① Jacques Derrida, *Chaque fois unique…*, *op. cit.*, 第 252 页。

强调的向朋友们永别的言词,这些没有上帝的永别。

德里达没有提出西方关于死亡方式的问题,没有对多种多样的死亡方式加以区别——自杀、意外、疾病、暴力之死、温和之死、意愿之死、无准备之死、宣泄之死,不管他所致意者的年龄多大,他都将他的话语建构为某种死亡瞬间的隐迹纸本①,建构为生死过渡所产生的这一唯一时刻的瞬间痕迹。他还能回想他所埋藏的对一个碎片化存在的所有回忆。每次从黑暗中冒出一个细节,都能奏响"坚定和必然"法则的旋律:"有一个朋友,看着他,跟随他的眼睛,在友爱中仰慕他,就是以有点强烈、预先致命、总是坚定和越来越无法忘却的方式知道,两个人中的一个命中注定要为另一个忍受极大痛苦。他们彼此都会说,我们中的一个,我们两个人中的一个,有一天,再也见不到另一个了。"②

所以,德里达所做的永别,既不是经典意义上葬礼的颂词,也不是悼念文章,更不是临终叙事。他没有选择去

---

① 指擦掉旧字写上新字的羊皮纸稿本,但可用化学方法使原迹复现。——译注

② Jacques Derrida, *Chaque fois unique…*, *op. cit.*, 第 137 页。

说死亡的时刻,也没有选择去说肉体的分解,更没有选择去说僵住的面孔和僵硬身体的恐怖。他没有谈论伊曼努尔·康德的最后日子,也没有撰写《波德莱尔,最后时光》(*Baudelaire, derniers temps*)或《垂死的伏尔泰》(*Voltaire mourant*)。他没有见证任何"告别仪式"①。

德里达也没有搜集关于死亡的词汇——丧生、去世、殒命、逝世以及(最恐怖的)丧命。他没有导演被判处死刑者的最后时刻,也没有导演生者在等待死者死亡时为死亡发明的最后语词:"噢,死亡这个老船长,是时候了!起锚吧!",甚或"死亡这个观念早就像一场爱一样明确地安居在我心中",还或者"死亡就像一个戴面具的幽灵,在我面颊下一无所有。"②没有不体面的死,也没有声名显赫的死。死亡就是死亡,很简单。

德里达对他的朋友所做的永别,既没有带着丧葬的面具,也不带有为死亡准备的盛大仪式,而是在断裂和重返之间,在与上帝分离和将他者整合到自我之间——简

---

① Simone de Beauvoir, *La Cérémonie des adieux*, Paris, Gallimard, 1981.

② 分别出自波德莱尔、普鲁斯特和雨果。

言之,在永别与再见之间,以含蓄的方式让人们领会痛苦和虚弱,尤其是明白关于死亡和友谊所有叙事所具有的叙述式和几乎存在论式的结构:一个人会在另一个人之前消失。这种永别只有在通过类似于电影中闪回镜头的片段书写时,才会参照所爱之存在的自传式经历[1]。言语总是在喘息,在永远的未完成状态中碎裂:"尽管有如此之多的不相称之处,我认为德勒兹可能还是我在所有这'一代人'中最亲近的人……然后,我记得 1972 年在瑟里西关于尼采的那难忘的 10 年;接着,可能是与让-弗朗索瓦·利奥塔(他也这样觉得)一起,在这个人们用'一代人'这个可怕而又有点虚假的词所表示的时代中,我在如此多的时刻感到:如今还活着,且忧郁地活着,这让人非常孤单。"[2]

　　德里达所说的"一代人"是以带引号的方式呈现的,就好像这个词带有可疑的历史主义印记。我很喜欢这个词,我愿意承担这个词,并且我认为如果不考虑他们之间

---

　　[1]　这也是为什么在这部著作中加入了 Kas Saghafi 精彩的传记注释和书目注释。这些注释为告别带来了某种历史亮度。

　　[2]　Jacques Derrida, *Chaque fois unique…*, *op. cit.*, 第 236 页。

的不一致,这"一代人"——呈现在这本书中的这一代人——的确是一代人,因为正如我已经强调的,将他们联合起来的比将他们划分开来的要更强大。当然,在这个整体中流转着多种多样隐蔽的演变关系,其中至少交织着三代人:第一代诞生于世纪初,第二代诞生于两次大战期间,第三代,也就是我所在的一代,诞生于1940年至1945年间。

我会指出将这三代结合为这"一代人"的某些共同特点,这也许会带有某种含混。后结构主义、反结构主义,不管是来自现象学还是所谓的结构主义,聚集了那些质问主体本性、澄清这个代词背后所隐藏之物的作者。这一代思想家并不认为主体要么是极端自由,要么是完全被社会或语言结构所决定,他们更倾向于怀疑这个二元替换的来源本身。这也是为什么他们坚持(有时候是非常强烈地坚持)批判**启蒙**(*Aufklärung*)和**逻格斯**(*logos*)的种种幻象:以将哲学驱逐出哲学话语为代价,在马克思、弗洛伊德、尼采和海德格尔的启发下追问哲学的边界和轮廓;以清除文学所有浪漫主义内容为代价,将文学重新集中到其文学性本身之上或其涌现的条件之上。隶属于这一代的诗人、作家或哲学家——以"新小说"为标志——既没有写小说,也没有写"新新小说"(这还是小说),他们写的是质疑小说世界概念本身的文学文本。

德里达这些永别所致的所有朋友(15个男性,1个女性)是20世纪欧洲两大灾难(种族大屠杀和古拉格)的见证人或继承者。他们也是殖民帝国终结、青年学生抵抗运动的始作俑者或目击者。

如果说他们每个人在生命中的某个时刻都面对了犹太种族灭绝的问题,那也只是以极端的方式质疑海德格尔在"大学校长就职演说"①所采取的立场,他们中没有一个像马克·布洛克、罗杰·卡瓦耶、鲍里斯·维尔德、乔治·波利策、伊冯娜·皮卡尔(Yvonne Picard)②那样,真正地投入到反纳粹的斗争之中——军事的或政治的,直至死亡的那种斗争。他们有的太年轻,有的则不在事发之地。

---

① Martin Heidegger, *Auto-affirmation de l'université allemande*, Toulouse, TER, 1982, 双语,Gérard Granel 译。

② 参见:*La Liberté de l'esprit. Visages de la Résistance*, 16, automne 1987, La Manufacture.

从 1940 年到 1941 年,巴特在两所巴黎中学教授文学。一年后,结核病复发,之后五年,他必须在不同的疗养院接受治疗。保罗·德·曼与人合作在比利时报纸上撰写了至少两篇具有排斥犹太人特征的文章后,在《晚报》上抗议德国的操纵,随后在一家出版社工作①。阿尔都塞和列维纳斯都被动员加入法国军队,他们以战俘身份渡过战争,而此时,埃德蒙德·雅拜斯则在与法西斯作斗争,在开罗建立了**反排斥犹太人联盟以及法国友谊协会**。而德勒兹则因太年轻无法参与其中,但他目睹了哥哥因抵抗而被捕,随后在奥斯维辛被处决;另外比如萨拉·柯福曼的父亲因为是犹太人,在家当被维希政府警察洗劫一空之后,1942 年被押送到集中营。

至于布朗肖,年轻时服务于青年右翼,之后,在法国被占领时期撰写了两篇主要著作:《晦暗的托马斯》(Thomas l'obscur)和《雅米拿达》(Aminadab)。后者题目来自《圣经》人物,但也是列维纳斯弟弟(在立陶宛被纳粹杀

---

① 关于这个问题,参见:Jacques Derrida, *Mémoires* , pour Paul de Man, Paris, Galilée, 1988.

害)的名字。布朗肖随后也与抵抗运动保持着秘密联系，并保护着地下活动者和朋友，尤其是列维纳斯的家人。1944 年 6 月，他险些没有逃出纳粹行刑队，50 年后，他在《我的死亡瞬间》(*L'Instant de ma mort*)中对这段故事有所叙述。①

这样，一些人和另一些人的故事连结在一起，成为一个生与死的历史。在这个历史中，再见与永别、遭受的死亡、亲身经历的死亡、向留存者所做的永别、向离世者所做的永别，其中的关联彼此交织。

德里达在《每次都是唯一：世界末日》(*Chaque fois u-nique, la fin du monde*)一书中所做的永别中没有包括雅克·拉康。首先，因为拉康从来都不是德里达的朋友；其次，因为拉康的继承人也没有邀请德里达去墓地瞻仰大师的陵墓——拉康 1981 年以最严格的、私密的祝圣方式被安葬：既无荣耀的仪式和送行队伍，亦无鲜花和赞美之词。

———————————

① Maurice Blanchot, *Thomas l'obscur*, Paris, Gallimard, 1941; *Aminadab*, Paris, Gallimard, 1942; *L'Instant de ma mort* (1994), Paris, Gallimard, 2002.

不过,在另一场合中,德里达则把拉康加在他的死亡名单之中,加在他所要颂扬的死亡名单之中。他在1990年写道:"在我们之间存在死亡,这尤其是死亡问题,我甚至会说仅仅是我们中之一位的死亡,就像与和在所有相互喜爱的人那里所存在的情况一样。或者更是他自己独自在说,因为我从来只字未提。他,独自,说过我们的死亡,说那个必然到来的他自己的死亡,说那个照他来说我所扮演的死亡更或是死人。"①

为了拉康之爱,德里达在这里引证了一个场景——可以说是一个*父亲和死亡的场景*——,一个五年前他曾与我谈起过的场景,我在我的《法国精神分析史》(*Histoire de la psychanalyse en France*)第二卷中详述过这个场景:拉康曾经指责德里达"没有认识到他在扮演死者的时候,他自己在他者那里所企图的绝境"。这是一个著名的场景,从此也成为一个被过度档案化的场景。为了拉康

---

① Jacques Derrida, *Résistances de la psychanalyse*, Paris, Galilée, 1996. 这段话出自一个报告"为了拉康之爱(«Pour l'amour de Lacan»)",这个报告是在1990年5月的一个"拉康与哲学家"学术研讨会(由国际哲学学院 René Major, Philippe Lacoue-Labarthe 和 Patrick Guyomard 组织)上宣读的。

之爱，为了拉康之死，为了拉康对德里达所说的死亡，为了拉康为德里达重建的这个悬而未决的字词，德里达在这个场景中挖掘了他与拉康关系史中整个秘密的一面：生命的承诺和至死的斗争。那个还活着并向死者致敬的人，他也是那个最希望不再存活的人。这个场景就像是莎士比亚的一个悲剧，在一个有关死亡的海岸上，搁浅了四个人物：国王、王后、大臣和骑士，他们在各自历史中的四个时刻遭到了惨痛的侵袭，而在这些时刻，他们每个人都试图对其他人施以不可分享的绝对权力。

在这里，不乏语词，也没有难以呼吸。也许这是真正的葬礼演说：经典、构造完备、组织有序。因此，它可能也不具备向朋友告别的样子。因为在这个曾经让这两个人相互对立的生死游戏之中，朋友不是朋友，而是从此必须以身后名义致敬的对手。

德里达在献给朋友的永别之辞中所说的死亡，是那应该鲜活地见证友谊长存的死亡，这与事后对敌人之死的尊重，性质完全不一样。但前者又与"战死沙场"的英雄之死不同。

与在战场上牺牲的战士仍然不同的，是选择死亡的参与者或抵抗者。为了另一个世界的到来，他们**决定死**去，向他们所生存过的世界告别。他们献出生命，从来也不确定他们的死会成为一个完美存在的桂冠。对死亡的接受与生命的馈赠相汇合，因为死亡比奴役更可欲，因为自由比生命更可求。这些被屠杀、虐待、处决、切割、化为灰烬、扔进坑穴、毁灭和消失的死亡，从来就没有在死亡瞬间得到人们告别之辞的权利。他们没有军人墓地，甚至和那些在最终处决中死去的人一样。他们的死是一种罔顾死亡的罪行。

但对这些死亡、这些为自由的死亡、这些既无保障又无确定性之死亡的告别，总会在事后到来。我不知道在这个领域，还有什么能够比 1964 年 12 月 19 日安德烈·马尔罗在先贤祠脚下，为让·穆兰所进行的葬礼演说中的著名语句更动人："……让·穆兰，进入这里，与你非凡的随行者一起，与那些像你一样在地窖里没有说一句话就死去的人一起；甚至，可能更残酷地，与那些曾经说过话的人一起；与那些集中营里所有被划了杠、剃光了头的人一起；与**夜晚和浓雾**中那些恐怖的队列里最后一个跌倒的身体一起；与没有从苦役监狱里回来的八千名法国人一起;与拉文斯布吕克①集中营里为了给我们中的某个人以避难之所的最后一个女人一起。进来吧,与那些诞生在阴暗中并随着阴暗死去的人——我们黑夜秩序中的兄弟——一起。"

同样的,我也不知道还有什么能够比乔治·康吉兰对他的朋友罗杰·卡瓦耶所做的告别更为严谨。最后,还是一样,对于20世纪来说,我不知道有什么比克洛德·兰茨曼②在焚尸炉特遣队旁记录的死者告别更为令人震惊。言语在死亡存在的最深处被去除、窃取和根绝,用虚无的咒语来进入死亡记忆:"你们知道,'感受'那里……不管感受什么都是非常严酷的:想象着日日夜夜在死人、尸体之中工作,你们的情感会消失,你们的情感已经死了,一切都死了……"③

① 1939年5月,纳粹党卫军开放了专为妇女建立的最大的纳粹集中营:拉文斯布吕克(Ravensbrück)集中营。1945年苏联军队解放该集中营时,有10万多妇女被关押至此。——译注

② Claude Lanzmann(1925—),记者、作家和法国电影制片人。从1943年开始参与抵抗运动,随后加入游击队。1952—1959年间曾经是西蒙·德·波伏娃的伴侣。以1985年发行的9小时30分大屠杀纪录电影《种族大屠杀》闻名。——译注

③ Claude Lanzmann, *Shoah*, Paris, Fayard, 1985.

在我发现德里达对他的朋友们所做的永别之时,我正在阅读大仲马的《火枪手》(*Mousquetaires*)三部曲①。我被这两个文本、这两种赞颂死亡和告别的方式间所存在的相似性震惊了,并且我也已经知道德里达自认为是一个处于延缓期的幸存者,就像也会因其自身所患疾病而死亡的幸存者,尽管他在与疾病作斗争,但也很清楚这是无法治愈的②。所以,我决定送给雅克·德里达法国文学中最著名英雄们(阿托斯、波尔托斯、阿拉米斯和达达尼昂③)35年的友谊史。

　　科尔贝尔④前,大仲马所厌恶的法国资产阶级的厚颜无耻登峰造极。正是在这样的法国,四个朋友体现了

　　① Alexandre Dumas, *Les Trois Mousquetaires*, *Vingt ans après*, *Le Vicomte de Bragelone* (1844—1850), Paris, Laffont, coll. «Bouquins», 3 vol., 1991. Dominique Fernandez 为第二卷做了一个精彩的前言"巴洛克式的大仲马(«Dumas baroque»)"。

　　② Jacques Derrida, *Apprendre à vivre enfin*. Entretien avec Jean Birnbaum, Paris, Galilée, 2005. 这本书的标题不是一个偶然,而是来自《马克思的幽灵》,德里达在后者中颂扬反抗的哲学。雅克·德里达2004年10月9日死于胰腺癌。

　　③ 大仲马《三个火枪手》中的人物。——译注

　　④ Jean-Baptiste Colbert(1619—1683),法国政治家、国务活动家,长期担任财政大臣和海军国务大臣,是路易十四时代法国最著名的人物之一。——译注

他们生命中不断分裂的骑士理想。他们选择了纯粹状态下的英雄主义，他们在首先是黎塞留①、随后是马萨林②、最后是路易十四所建立的专制主义国家新秩序中，发起了真正的挑战。他们每天都决斗，每天都冒着被杀的危险杀人。用剑和当面战斗，远离战争剧场，他们从来不与可鄙、可恨的敌人作战，而是与对手作战，与相似者、另一个自我作战。因为只有那懂得用生命捍卫荣耀之愉悦、翎饰之光彩或对君主（被认为是想象中的皇家领主理想）之爱的人，才有权利被刺穿而死：这是英雄生涯的极端喜乐。

---

① Armand Jean du Plessis de Richelieu(1585—1642)，法王路易十三的宰相及天主教枢机，波旁王朝第一任黎塞留公爵。在法国政务决策中具有主导性的影响力，执政时期爆发三十年战争。大仲马说黎塞留对敌人心狠手辣，对自己人却关怀备至。在大小说《三个火枪手》中，他是三个火枪手和达达尼昂的敌人。——译注

② Jules Cardinal Mazarin(1602—1661)，法国外交家、政治家，法国国王路易十四时期的首相及枢机主教。在大仲马的小说《三个火枪手》，他是王后奥地利的安妮的情夫，主宰法国实权。但因才能有限遭到百姓与贵族们的不满，后者因此掀起了对抗中央权力的"投石党运动"。马萨林因而笼络达达尼昂为其效力，但达达尼昂却与他的三个朋友倒向了英王查理一世，为此，马萨林一度囚禁了达达尼昂、阿多斯与波尔多斯。但达达尼昂靠自己的机智从牢中出逃并把马萨林作为人质与王后周旋，最后双方和解。——译注

这四个朋友谁第一个死去呢？这四个中谁要向其他人告别呢？这是这本小说所提出的重大问题，这也是35年来使他们每个人都感到烦恼的追问：波尔托斯，大个子，天真、古怪，他们中最勇敢的一个；阿托斯，忧郁，清教徒贵族，系命于另一个时代的骑士理想；阿拉米斯，自由派，变化无常且具有女性气质，耶稣会的未来将军，隐秘且诡计多端，但对他所献身的唯一君主（富凯〈Fouquet〉）则是忠臣中的忠臣；最后，达达尼昂，最聪明、最现代、最复杂，在寻找永远对他避而不答的统治权来源。将这四个人联合起来的出生入死的友谊（通常是两两结合），排斥爱和性别差异。任何女人与他们中的一个共同生活，都会损害支配友谊存在本身的协定。

这也是为什么大仲马所设置的情节中，女性形象要么是恶魔般的（米莱狄·德·温特、谢弗勒斯公爵夫人），要么是天使般的（康斯坦丝·博纳希厄），要么是靠不住的（露易丝·拉瓦里埃尔，王后奥地利的安妮①）。不管

---

① 法王路易十三的王后，西班牙公主，小说《三个火枪手》中的人物。——译注

她们做什么，所有与这四个朋友相遇的女人都注定要将他们毁灭。因为火枪手只有通过禁止他们中任何一个成为配偶、情人或父亲的排他性友谊关系才能联合起来。当阿托斯有了一个在婚姻之外与阿拉米斯的情妇所生的儿子，这个注定丧生的儿子既没有一个父亲也没有一个母亲，而是有四个父亲，而这四个父亲也只有在他混合了这四人中每个人的本质之后才存在：第一个人的勇敢，第二个人的忧郁，第三个人的女性气质，第四个人对光荣的欲望。

必须让这些火枪手死去，否则大仲马就永远也完成不了他的小说，就必须每年在续集中再加上续集。波尔托斯因心灵的单纯与土地紧密相连，他最早离世；在一次抵抗敌军的赫拉克勒斯般战斗之后，波尔托斯在一个洞穴中被巨石压死。阿托斯因儿子的死变得轻飘飘且充满哀伤，他第二个离世；一个天使将他带到无穷无尽哀悼的天国。最后，达达尼昂，战火大元帅，第三个丧生，被大炮的圆炮弹击穿。在最后三部曲完结的段落，达达尼昂说了几句话，几句"神秘难解、曾经在大地上表示诸多事物的话，除了这个喃喃自语的人，谁也不懂的话：——阿托斯,波尔托斯,再见——阿拉米斯,永远,永别!"①

　　这是对永别逻辑令人目瞪口呆的倒置。达达尼昂,自死亡之日,自从前有生之年时的未知,自其死亡前的某个远古时刻,向已经死去的朋友说再见,向没有死的朋友、向灵魂已被上帝抓住的朋友、向被判决永远活着且知道永远也不再有朋友向他告别的朋友说永远永别。

　　①　Alexandre Dumas, *Le Vicomte de Bragelone*, vol. II, *op. cit.*, 第850页。

注　记

本书中某些章节受不同形式已出版文本的启发：

第一章　乔治·康吉兰：英雄主义哲学

　　这部分文本的第一个版本已用于**精神病学和精神分析史国际协会**(SIHPP)于 1993 年 11 月在巴黎举办的第十届学术研讨会。这个学术研讨会献给乔治·康吉兰《正常与病态》发表五十周年。该会议论文已于 1998 年由巴黎的综合实验室研究所(Institut Synthélabo)以《乔治·康吉兰实事》为名结集发表。其中有弗朗索瓦·宾(François Bing)、让-弗朗索瓦·布劳恩施泰因(Jean-

François Braunstein)、勒内·马若尔(René Major)、乔治·郎泰里-洛拉(Georges Lantéri-Laura)、亨利·佩基尼奥(Henri Péquignot)、皮埃尔·马舍雷(Pierre Macherey)、弗朗索瓦·达戈内(François Dagognet)的论文以及一个与乔治·康吉兰的对话。还可参照:伊丽莎白·卢迪内斯库(Élisabeth Roudinesco),《一个文本的状况:"何谓心理学?"》(«Situation d'un texte:"Qu'est-ce que la psychologie?"»),载于《乔治·康吉兰:科学哲学家和历史学家》,巴黎,Albin Michel 出版,"国际哲学学院图书馆"丛书,1993 年,第 135—144 页。

第二章　让·保罗·萨特:多瑙河绿荫堤岸上的
　　　　精神分析

这部分文本有一个较短的版本,与 1990 年 11 月在《现时代》第 531—533 期以《萨特,弗洛伊德读者》为题发表。

第三章　米歇尔·福柯:《疯狂史》的多种解读

这一章第一次是以另一种形式于 1992 年在巴黎的

Galilée 出版社出版的《思考疯狂——福柯研究论文集》中发表。这本书是与乔治·康吉兰、雅克·波斯特尔(Jacques Postel)、弗朗索瓦·宾、阿莱特·法尔热(Arlette Farge)、克洛德·凯泰尔(Claude Quétel)、阿戈斯蒂诺·皮雷勒阿(Agostino Pirellea)、勒内·马若尔、雅克·德里达共同结集出版的。

第六章 雅克·德里达:死亡瞬间

这一章首次以《——阿托斯,波尔托斯,再见——阿拉米斯,永远,永别!》为题发表于 2004 年《埃尔纳手册》(*Cahiers de l'Herne*)第八十三期献给德里达的专辑,该专辑由玛丽-路易斯·马莱(Marie-Louise Mallet)和吉内特·米肖(Ginette Michaud)主编。

图书在版编目(CIP)数据

风暴中的哲学家(法)伊丽莎白·卢迪内斯库著;汤明洁译.
--上海:华东师范大学出版社,2018

ISBN 978-7-5675-7287-4

Ⅰ.①风… Ⅱ.①伊… ②汤 Ⅲ.①哲学理论—法国—现代—文集
Ⅳ.①B565.59-53

中国版本图书馆 CIP 数据核字(2017)第 331772 号

华东师范大学出版社六点分社

企划人 倪为国

风暴中的哲学家

著　　者　(法)伊丽莎白·卢迪内斯库
译　　者　汤明洁
责任编辑　王莹㸌
装帧设计　刘怡霖

出版发行　华东师范大学出版社
社　　址　上海市中山北路 3663 号　邮编　200062
网　　址　www.ecnupress.com.cn
电　　话　021-60821666　行政传真　021-62572105
客服电话　021-62865537
门市(邮购)电话　021-62869887
地　　址　上海市中山北路 3663 号华东师范大学校内先锋路口
网　　店　http://hdsdcbs.tmall.com/

印　刷　者　上海盛隆印务有限公司
开　　本　787×1092　1/32
印　　张　10.5
字　　数　147 千字
版　　次　2018 年 3 月第 1 版
印　　次　2018 年 3 月第 1 次
书　　号　ISBN 978-7-5675-7287-4/B·1108
定　　价　68.00 元

出 版 人　王 焰

(如发现本版图书有印订质量问题,请寄回本社客服中心调换或电话 021-62865537 联系)